Gestão e desenvolvimento de produtos e marcas

PUBLICAÇÕES
FGV Management

MARKETING

Gestão e desenvolvimento de produtos e marcas

Hélio Arthur Reis Irigaray
Carlos Eduardo Lourenço

FGV
EDITORA
EDUCAÇÃO EXECUTIVA

Direitos desta edição reservados à
FGV EDITORA
Rua Jornalista Orlando Dantas, 37
22231-010 | Rio de Janeiro, RJ | Brasil
Tels.: 0800-021-7777 | 21-3799-4427
Fax: 21-3799-4430
editora@fgv.br | pedidoseditora@fgv.br
www.fgv.br/editora

Impresso no Brasil / *Printed in Brazil*

Os conceitos emitidos neste livro são de inteira responsabilidade dos autores.

1ª edição – 2019

PREPARAÇÃO DE ORIGINAIS: Sandra Frank
EDITORAÇÃO ELETRÔNICA: Abreu's System
REVISÃO: Aleidis de Beltran
CAPA: aspecto:design

Ficha catalográfica elaborada pela Biblioteca Mario Henrique Simonsen/FGV

Irigaray, Hélio Arthur
Gestão e desenvolvimento de produtos e marcas / Hélio Arthur Reis Irigaray, Carlos Eduardo Lourenço. – Rio de Janeiro : FGV Editora, 2019.
140 p.

Publicações FGV Management.
Área: Marketing.
Inclui bibliografia.
ISBN: 978-85-225-2144-9

1. Marketing. 2. Administração mercadológica. 3. Produtos novos. I. Lourenço, Carlos Eduardo. II. FGV Management. III. Fundação Getulio Vargas. IV. Título.

CDD – 658.82

Aos nossos alunos e aos nossos colegas docentes,
que nos levam a pensar e repensar nossas práticas.

Sumário

Apresentação

Este livro compõe as Publicações FGV Management, programa de educação continuada da Fundação Getulio Vargas (FGV).

A FGV é uma instituição de direito privado, com mais de meio século de existência, gerando conhecimento por meio da pesquisa, transmitindo informações e formando habilidades por meio da educação, prestando assistência técnica às organizações e contribuindo para um Brasil sustentável e competitivo no cenário internacional.

A estrutura acadêmica da FGV é composta por escolas e institutos, todos com a marca FGV, trabalhando com a mesma filosofia: gerar e disseminar o conhecimento pelo país. Dentro de suas áreas específicas de conhecimento, cada escola é responsável pela criação e elaboração dos cursos oferecidos pela FGV Educação Executiva, criada em 2003 com o objetivo de coordenar e gerenciar uma rede de distribuição única para os produtos e serviços educacionais da FGV.

Este livro representa mais um esforço da FGV em socializar seu aprendizado e suas conquistas. Foi escrito por professores da FGV, profissionais de reconhecida competência acadêmica e prática, o que torna possível atender às demandas do mercado, tendo como suporte sólida fundamentação teórica.

A FGV espera, com mais essa iniciativa, oferecer a estudantes, gestores, técnicos e a todos aqueles que têm internalizado o conceito de educação continuada, tão relevante na era do conhecimento na qual se vive, insumos que, agregados às suas práticas, possam contribuir para sua especialização, atualização e aperfeiçoamento.

Rubens Mario Alberto Wachholz
Diretor da FGV Educação Executiva

Sylvia Constant Vergara
Coordenadora das Publicações FGV Management

Introdução

O presente livro tem por finalidade apresentar uma análise atual dos principais aspectos que norteiam a gestão de produtos e marcas, resgatando-se e contextualizando-se aspectos teóricos destacados por obras de autores renomados, como Philip Kotler e David Aaker, além de exemplos de tendências contemporâneas que reforçam a aplicação de teorias sobre desenvolvimento e gerenciamento de produtos.

A discussão dos assuntos está estruturada em oito capítulos. No primeiro capítulo, reflete-se sobre os fundamentos gerais de produtos, isto é, como são concebidos e o que ocorre desde essa fase até seu lançamento, destacando-se a importância de levar em consideração as principais tendências do mercado e expectativas do consumidor-alvo.

O segundo capítulo, por sua vez, concentra-se na descrição do processo que envolve inovação e criação de novos produtos, ressaltando-se os elementos relativos a categorias e segmentações de produtos e as principais estratégias para seu desenvolvimento.

Já o terceiro capítulo trata de todo o percurso do lançamento de novos produtos, descrevendo-se como ocorrem as etapas de geração de ideias, seleção, desenvolvimento e aprimoramento do conceito, além do alinhamento das estratégias de marketing com as principais tendências e mudanças no ambiente de negócios.

O quarto capítulo apresenta o conceito de ciclo de vida de produto (CVP) e o detalhamento das características dos produtos em cada fase do ciclo.

Já o quinto capítulo amplia a discussão sobre ciclo de vida pela apresentação das matrizes BCG e GE de portfólio de produtos.

O sexto capítulo concentra-se na apresentação dos principais conceitos que norteiam a gestão de marcas (*branding*) e o processo de construção do valor de marca (*brand equity*). Ressaltam-se os principais pontos que evidenciam a importância de construir marcas fortes e desenvolver estratégias que levem o consumidor a identificá-las e se tornarem leais a elas.

O sétimo capítulo dedica-se aos aspectos que envolvem posicionamento de marcas e a criação de uma estrutura de referência.

Por fim, no oitavo e último capítulo, discutimos os tópicos emergentes em gerenciamento de produtos e marcas, resgatando a discussão e análise de pontos relevantes sobre embalagem, rotulagem, a questão da sustentabilidade e o que se espera de um profissional que exerça a função de gerente de produto.

Esperamos que o leitor possa desfrutar da discussão proposta e ampliar seus conhecimentos acerca do processo que envolve desenvolvimento de produtos e construção de gerenciamento eficaz de marcas.

1 Fundamentos de produtos

Este capítulo aborda os principais aspectos que norteiam produtos, isto é, como são concebidos desde sua criação até seu lançamento no mercado. Destaca, também, os principais conceitos relacionados a produtos, principalmente os atributos que os diferenciam dos demais.

Conceitos fundamentais em produtos

Visando atingir metas e objetivos, as empresas de diferentes setores de atividade e porte elaboram um planejamento estratégico, no qual são contempladas todas as áreas organizacionais, como finanças, marketing, recursos humanos, entre outras.

No que se refere ao marketing, especificamente, realiza-se a análise dos ambientes externo (fatores exógenos) e interno (fatores endógenos); definem-se as estratégias de segmentação (especificando-se o público-alvo) e posicionamento (como a empresa deseja ser percebida pelo público-alvo quando comparada aos concorrentes). Além disso, realizam-se pesquisas e análises sobre comportamento do consumidor. Assim, com esses estudos e avaliações, são delineadas as estratégias do composto de marketing (produto, preço, praça e promoção).

Com base nesse conjunto de dados e informações, são tomadas as primeiras decisões de marketing, por exemplo, a definição de quais produtos serão comercializados, determinação do preço, como serão distribuídos e comunicados ao mercado, bem como a estruturação de programas de relacionamento com clientes e o monitoramento dos resultados.

Neste livro, detalharemos, especificamente, o primeiro "P" – produtos – e como as decisões dessa área são tomadas.

Inicialmente, é fundamental lembrarmos que um profissional de marketing é, antes de mais nada, um administrador; portanto, espera-se desse profissional uma visão holística da empresa e do mercado, a constatação das oportunidades e ameaças geradas no ambiente de negócios, assim como a consciência de que a decisão de lançar um novo produto – ou de retirá-lo da linha – adquire desdobramentos em toda a empresa: na sua engenharia financeira, nos processos, cultura e clima organizacionais, e também, na área de recursos humanos.

A rigor, as relações dos consumidores com as organizações ocorrem, em grande parte, por meio das experiências com seus produtos, os quais têm impacto direto e visível nos resultados das organizações. Por isso, o gerenciamento de produtos está no coração das decisões estratégicas de marketing.

Mas, afinal, o que é produto?

Produto: por uma definição

Quando a Embraer, Boeing ou Airbus lançam um novo modelo de avião, elas estão vendendo um amontoado de componentes, como chapas de aço, motor e pneus? Seria este livro apenas uma sequência de páginas? E o nosso *notebook*? Podemos considerá-lo apenas certo número de peças?

Ao refletirmos sobre tais perguntas, as respostas parecem óbvias: as empresas estão vendendo soluções para os problemas de seus consumidores, a fim de satisfazer suas necessidades e atender a uma demanda mercadológica. Então, no limite, produto é um conjunto de atributos tangíveis (elementos descritíveis como tamanho, cor, peso, embalagem) e intangíveis (eficiência, durabilidade, resistência, sofisticação, *design*) que proporciona benefícios concretos que satisfazem necessidades e desejos do consumidor (Semenick e Bamossy, 1997; O'Guinn et al., 2014).

Kotler e Armstrong (2014:200), por sua vez, definem produto como "algo que pode ser oferecido a um mercado para apreciação, aquisição, uso ou consumo e que pode satisfazer um desejo ou necessidade".

De fato, quando um consumidor, seja um indivíduo, uma organização ou um governo, compra um produto, na realidade, está buscando suprir uma carência; portanto, quem comercializa um produto não deve questionar o que está vendendo, mas o que o consumidor está comprando.

Qualquer discussão sobre gerenciamento de produtos e marcas fundamenta-se no entendimento do comportamento do consumidor; no limite, aí está a importância de segmentarmos o mercado no qual atuamos, de compreender o processo de compra dos nossos clientes (quem usa, quem decide, quem compra, quem paga).

Pense também no que foi visto em pesquisa de marketing: mensurarmos o tamanho do nosso mercado-alvo, metrificarmos os desejos dos nossos consumidores e como eles tomam a decisão de compra em função da relação custo *versus* benefício.

No limite, o desafio do profissional de marketing, então, é descobrir como tornar seu produto, que pode ser simples ou complexo, uma solução desejada pelo mercado.

Produto: bem ou serviço?

Esta é uma indagação muito comum: existe diferença entre produto e serviço? Caso positivo, qual é?

No cotidiano, chamamos de produto qualquer objeto físico (caderno, sapato, carro) ou intangível (consulta médica, consultoria, carreira). Mais do que isso: em que medida conseguimos separar o objeto físico (refeição, por exemplo) da etapa de pré-venda (tempo de espera para ser de fato atendido e receber o prato de comida), do atendimento *per se* e do pós-venda (tempo para receber a conta ou o troco)?

Por isso, na literatura, produto é definido com as características de um bem físico, um serviço, ou uma mistura de ambos (Kotler e Keller, 2013); algo que abrange "objetos físicos, serviços, eventos, pessoas, lugares, organizações, ideias, ou um misto de todas essas entidades" (Kotler e Armstrong, 2014:201).

Todavia o próprio Kotler (2010) propõe que, a título de entendimento, gerenciamento e elaboração de estratégia, façamos uma distinção entre produtos e serviços.

Produtos seriam apenas os bens físicos; enquanto serviços são os intangíveis. Dessa forma, a principal diferença entre um e outro é a transferência de propriedade; ou seja, após efetuarmos a compra, nos tornamos donos do jornal ou do aparelho de telefone celular; o mesmo não ocorre com os serviços prestados pelas operadoras de telefonia ou pelos médicos, dentistas ou consultores.

Em função de sua característica de tangibilidade, os produtos tendem a não ser temporários (apesar de, muitas vezes, serem perecíveis, como é o caso dos alimentos); eles podem ser armazenados, estocados e consumidos quando os consumidores assim o desejarem (por exemplo, o fato de comprarmos uma dúzia de ovos não significa que devamos consumi-la imediatamente).

Os produtos também permitem aos consumidores uma prévia experimentação, antes de sua aquisição definitiva, o que facilita a comparação entre as múltiplas opções existentes no mercado.

Já no que tange à produção, é muito mais fácil padronizarmos bens físicos do que serviços. Empresas como a GE, Nestlé e Unilever são capazes de fabricar milhões de lâmpadas, potes de iogurte e frascos de *shampoo* iguais, com uma mínima margem de erro; entretanto, um professor, por exemplo, é incapaz de ministrar duas aulas exatamente iguais.

Os serviços, por sua vez, são intangíveis, devem ser produzidos, entregues e consumidos simultaneamente. Mais do que isso, o grau de satisfação do consumidor final tende a variar muito em função de seu grau de envolvimento, personalidade e estado de espírito (Spiller et al., 2011).

Diferenciação e os diferentes níveis de produto

A diferenciação de um produto tem por objetivo aumentar seu valor percebido pelos clientes e consumidores. Levitt (1986) sugere que os produtos e serviços se desdobram em quatro níveis, além do benefício central. São eles: o produto genérico (ou básico), o produto esperado, o produto aumentado (ou ampliado) e o produto potencial.

A figura 1 permite-nos visualizar esses quatro níveis e iniciar nossa discussão sobre como elaborar uma estratégia de diferenciação para nossos produtos em cada um deles.

No núcleo do modelo está o *benefício central* desse produto para o consumidor, ou seja, fica patente que a criação e desenvolvimento de todo e qualquer produto parte dos desejos e necessidades de quem o consome.

Figura 1
Níveis de produto

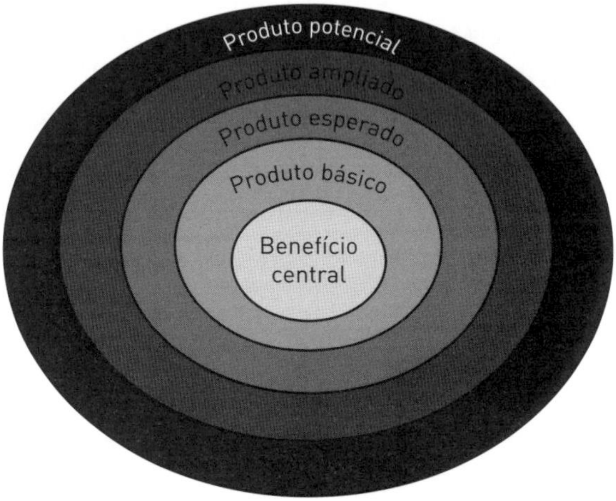

Fonte: Kotler e Armstrong (2014).

O segundo nível é o *produto genérico* ou *básico*, que é o objeto físico ou serviço em si; aquilo que o consumidor admite como oferta. Na prática, esse nível reflete os aspectos gerais do produto, o que há de mais tangível: sua aparência, cor, textura, embalagem.

Como um produto pode se diferenciar nesse nível? Pense nos frascos de perfumes, no *design* inovador de alguns móveis, lustres e eletrodomésticos.

Todavia quando compramos um carro, um computador ou um aparelho de TV, esperamos muito mais do que sua aparência, formato, cor e material. Temos a expectativa de que os mesmos sejam potentes, tenham grande capacidade de armazenamento de dados e nos permitam navegar na internet para acessar o Netflix, por exemplo. As expectativas do consumidor compõem o que denominamos *produto esperado*, que é, por definição, o conceito do produto: o benefício, a utilidade, que o consumidor espera. Na prática, o produto esperado reflete conceitos mais abstratos, tais como *status* (para roupas de marca), comodidade (poltronas mais largas em cinemas, ônibus e aviões) e sedução (perfume). Atender às expectativas dos nossos clientes mais eficientemente é uma forma de diferenciação.

A análise das características do produto precisa relacioná-las com os benefícios que elas proporcionam. Por exemplo, qualquer novo remédio antigripal que seja lançado pode manter a mesma aparência física (comprimido), mas terá como objetivo combater a gripe de forma mais eficaz e eficiente.

De certa forma, ao longo do tempo, todos os produtos ficam iguais ou muito parecidos. Pense, por exemplo, nos serviços bancários, nas frutas, biscoitos. Este processo de comoditização impõe um desafio às empresas: como diferenciar seus produtos? A resposta jaz no nível seguinte do modelo de Levitt (1986), o qual é denominado *produto ampliado* ou *aumentado*. Este é construído por todas as demais características e serviços extras, que vão além daquilo que o cliente espera; em outras palavras, é o valor extra, cuja finalidade é diferenciar nosso produto dos concorrentes. Esse diferencial não é necessariamente algo totalmente novo para o mercado, mas pode ser para a categoria em questão. Por exemplo, uma câmera fotográfica mais potente para celulares mais populares; carros que sejam guiados por controle de voz.

Por último, há o chamado *produto potencial*, que é, na realidade, a soma de todas as características e benefícios retratados nos níveis anteriores, além de tudo aquilo que ainda possa vir a ser desenvolvido no futuro. O produto potencial é limitado pela imaginação, criatividade, orçamento, demanda e tecnologias existentes. Assim, a capacidade de lançar novos produtos ou refrescar os já existentes reflete o potencial de diferenciação de uma empresa.

Um fator de maior importância na diferenciação de um produto ou serviço em relação aos seus concorrentes é a qualidade.

Qualidade significa a adequação do produto à finalidade prevista. No caso dos manufaturados, isso implica a durabilidade, aparência ou a classe do produto em si; na área de serviços, geralmente, ela se traduz em elementos tangíveis do serviço, na confiabilidade, empatia, atenção e rapidez de quem nos atende.

A chave para diferenciarmos nossos produtos e serviços dos demais existentes jaz no alinhamento da nossa percepção (fabricante) com a do nosso cliente. Voltamos à questão estratégica: nunca devemos nos perguntar o que produzimos e vendemos, mas o que o nosso consumidor está comprando.

Vejamos um exemplo em que as duas não coincidem: o departamento de pesquisa de marketing de um fabricante de produtos de papel para uso doméstico solicitou a avaliação do consumidor para um novo papel higiênico. A reação foi favorável, entretanto o produto foi considerado insuficientemente macio. Por isso, o departamento de P&D (pesquisa e desenvolvimento) focou seus esforços em desenvolver meios para amaciar o papel higiênico, o que resultou num produto com fibras mais fracas e menor densidade. Ou seja, atendeu a uma das expectativas dos consumidores, mas qual é a mais importante como fator decisório de compra? Nos testes de uso subsequentes, o produto se desmanchou e ficou inutilizado para a finalidade a que ele se destinava. Testes complementares revelaram que, para o produto ficar macio ao tato, precisaria, na realidade, ter a resistência e a densidade das fibras aumentadas.

A qualidade é o fator principal para o sucesso comercial de um produto, mas é fundamental que se ressalte que qualidade só existe quando ela é percebida pelo cliente (público-alvo). De fato, as avaliações feitas pelos clientes quanto à qualidade do produto oferecido pelo fornecedor, em relação às ofertas dos concorrentes, é determinante para o desempenho a longo prazo do negócio, tanto do ponto de vista de participação do mercado (*market share*) quanto do retorno sobre o investimento (ROI).

As percepções de estilo, principalmente para produtos com grande apelo emocional, como cosméticos, apresentam uma forte relação com a percepção de qualidade. No mercado da moda, tais como o de vestuário, o *design* pode ser um meio poderoso para diferenciação. Esse foi o caso da Du Pont, que rejuvenesceu com sucesso seu mercado de meias para mulheres oferecendo cores diferentes, reposicionando, dessa maneira, as meias como um acessório da moda – uma cor diferente para cada vestuário. O mesmo foi feito pelas Havaianas, ao lançarem suas linhas *premium*.

Uma forma eficaz de tangibilizarmos o diferencial de nosso produto, mesmo em caso de *commodities*, é por meio de uma marca específica, dado que esta pode sinalizar indicação de procedência, garantia ou qualidade do produto. Esse é o caso das maçãs da turma de Mônica, ou das marcas que servem como chancela, como FGV, Nestlé ou Sadia. Há ainda a possibilidade de investirmos numa reputação favorável por meio de ações de responsabilidade social e sustentabilidade, como a Natura, o Bradesco (por meio de sua fundação) ou o Mundo Verde.

Os serviços também são um importante meio de diferenciação na compra de muitos produtos, especialmente bens duráveis, tanto de consumo quanto industriais. Um serviço primoroso foi um fator importante para o sucesso das Tintas Coral. Essa empresa desenvolveu o Coral Color Service, um serviço que viabiliza aos seus clientes, efetivos e potenciais, experimentar cores e combinações diferentes.

O serviço não precisa, necessariamente, ser adicional ao produto. Em algumas circunstâncias, uma redução pode gerar mais valor. Essa é a opção das companhias aéreas chamadas de *low cost* (EasyJet, na Inglaterra; JetBlue, nos Estados Unidos; e Gol, no Brasil). Elas focam no produto básico (transporte dos passageiros) e cobram por tudo o que for adicional (serviço de bordo, marcação de assentos). A lógica dessa estratégia está na elasticidade da demanda, isto é, a redução dos custos operacionais permite que essas empresas ofereçam preços mais baixos, o que, consequentemente, resulta no aumento de passageiros transportados e, portanto, no lucro em função do volume.

A prestação de um serviço de qualidade superior como meio de criar um vínculo entre o fornecedor e o cliente pode ter consequências marcantes. Em particular, ela torna o cliente menos propenso a buscar outras fontes de fornecimento e, por essa razão, funciona como uma barreira contra a entrada de novos concorrentes.

Outros elementos do produto aumentado que podem ser usados como fatores de diferenciação são a instalação, a disponibilidade de pronta entrega, o crédito, o cumprimento do prazo de entrega prometido e a garantia. Todos esses itens aumentam a diferenciação do produto em relação a seus concorrentes.

Resumindo: existem muitas maneiras pelas quais os produtos e serviços podem ser diferenciados dos seus concorrentes. Ao escolher o tipo de diferenciação a adotar, devem ser levados em conta vários fatores: o valor agregado da diferenciação para o cliente, o custo da diferenciação para a empresa (em relação ao valor agregado), a probabilidade de o concorrente copiar a diferenciação, bem como a velocidade com a qual isso ocorrerá, e ainda o grau com que a empresa adota a inovação nos ativos de marketing.

Resumo do capítulo

Vimos, neste capítulo, que o profissional de marketing, ao adotar uma visão administrativa, precisa adotar uma série de procedimentos em relação aos produtos a serem concebidos, lançados ou reposicionados de maneira a satisfazer os desejos e necessidades de seu público-alvo, além de deixar em evidência as características tangíveis e intangíveis desse produto. Também não podemos esquecer que produtos e serviços precisam apresentar uma abordagem criteriosa em um contexto de mercado cada vez mais competitivo.

Ainda neste capítulo, vimos que o mesmo produto pode ter diversos níveis, que refletem seu valor.

Mas como criar um novo produto que tenha valor para os clientes? Isso é o que discutiremos no próximo capítulo.

2
Inovação e criação de novos produtos

Neste capítulo, trataremos do papel da inovação na criação de novos produtos, pois a inovação não é apenas decorrente da iniciativa da empresa, e, sim, uma urgência quando se observam mudanças no comportamento da sociedade.

Inovação e criação

Faria sentido uma empresa ter um único produto? Pense no exemplo da empresa, fundada na primeira parte do século XX, e que só fabricava máquinas de escrever. O que será que aconteceu com ela, a partir do momento em que o computador se tornou pessoal e passou a ser amplamente utilizado por diversas pessoas? E o que poderíamos dizer de empresas de confecção especializadas nos anos 1940 e 1950 em fabricar itens de *lingerie* como anáguas e combinações? Entraram em colapso, a partir do momento em que surgiram itens com tecnologia mais avançada ou com a mudança de hábitos e costumes sociais.

Isso mostra que uma empresa, para sobreviver no longo prazo, precisa estar atenta a mudanças e lançar novos produtos.

A pressão por invenções resulta de inovações tecnológicas, além de alterações no comportamento do consumidor, assim como do acirramento da concorrência e encolhimento da margem de lucro.

Mas como inventar e inovar? Existiria uma fórmula mágica para gerar ideias? Isto é o que vamos discutir neste capítulo.

Significados e categorias de novos produtos

Um produto novo pode ser algo totalmente desconhecido, mas também pode ser apenas uma versão melhorada de um produto já existente. Quando se trata de um produto que revolucionou o mercado, podemos usar como exemplo os videogames: eles não só mudaram o mercado de eletrônicos e jogos como também impactaram o cotidiano das pessoas, criando uma nova opção de lazer tanto individual quanto para grupo, sendo, então, uma inovação radical.

Quando o produto novo é a evolução de outro produto, é classificado como incremental ou evolucionário, sendo parecido com sua versão anterior, porém avança em relação ao que já foi oferecido no mercado. Um exemplo desse segundo caso são as máquinas digitais, as quais sucedem as máquinas de filme e são mais práticas, leves e oferecem fotos com melhor qualidade.

Mesmo existindo esses dois extremos, pela ótica de marketing, as entradas no mercado de novos produtos têm o objetivo comum de melhorar os resultados da empresa, como vendas, lucros e imagem, sustentando também a posição competitiva da mesma. E não só isso; busca atender a uma demanda dos consumidores. A figura 2 esboça uma matriz representando as quatro possíveis categorias de novos produtos.

Figura 2
Categorias de novos produtos

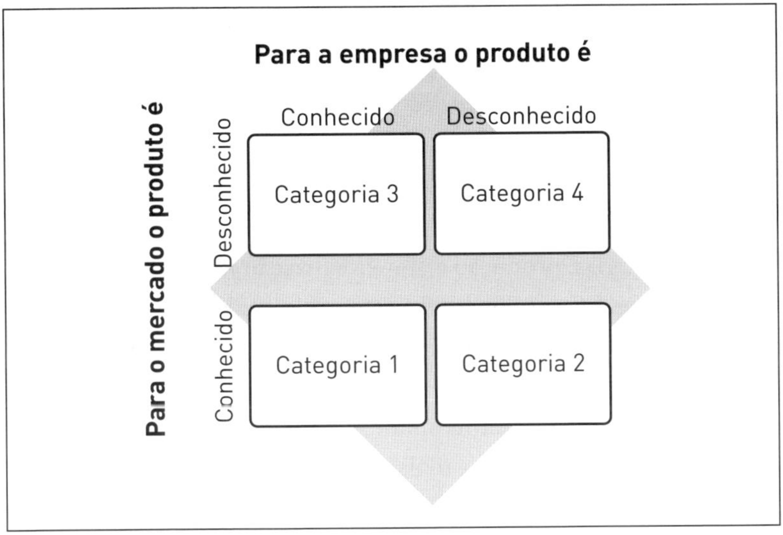

Fonte: Kotler e Armstrong (2014).

Categoria 1 – Novos produtos derivados de produtos já conhecidos pela empresa e pelo mercado. Essa categoria envolve produtos que não sofreram transformações revolucionárias, mas que passaram por mudanças que o fizeram melhor. Com as modificações, o produto fica com um maior valor agregado, podendo aumentar seus benefícios e/ou diminuir os custos. A empresa, nesse caso, já conhece e domina as estratégias de mercado, a produção e suas vantagens competitivas; o mercado também já conhece as funções do produto, por que deixaria de comprá-lo, os pontos fortes, as variações do mesmo. Exemplos de produtos que se encaixam nessa categoria são salgadinhos artificiais que sempre estão lançando diversos sabores, esmaltes com brilho, de cores diferentes.

Um sucesso da categoria 1 são os iPhones produzidos pela Apple. O primeiro iPhone foi lançado pela empresa em 2007 e, ao longo do tempo, foram sendo desenvolvidos novos modelos com diversas melhorias: câmeras melhores, maior capacidade de armazenamento de dados; foi desenvolvida também a tecnologia IOS. Hoje em dia, a Apple já introduziu mais de 10 derivações do produto original no mercado, e todas continuam sendo bem recebidas pelos consumidores, sendo o produto portátil mais vendido da história.

Categoria 2 – Novos produtos para a empresa. Os produtos da categoria 2 são conhecidos pelo mercado, porém desconhecidos para a empresa que irá produzi-los. Isto é, por mais que o produto e suas tecnologias, produção e comercialização já existam, o mesmo é uma novidade no processo da empresa, a qual tem a liberdade de escolher o caminho para desenvolver as competências necessárias com o objetivo de produzir o produto: desenvolvimento da estrutura interna, aquisição e/ou alianças com outras empresas. Essas estratégias serão discutidas mais adiante.

Um exemplo da categoria 2 é a LG. A empresa, quando foi fundada em 1947, tinha o nome de Lak-Hui e produzia produtos químicos. Em 1958, houve a fusão entre Lak-Hui e Goldstar, atuando no setor de eletrônicos. Começaram desenvolvendo rádios e posteriormente se estruturando para produzir também televisões, telefones. No entanto, apenas em 1995 a empresa adotou o nome LG e sua logomarca.

Outro exemplo da categoria 2 é a Netflix. A empresa foi fundada em 1997 e inicialmente trabalhava com entrega de DVDs pelos Estados Unidos. Depois de enxergar a necessidade de inovação, os fundadores começaram a desenvolver a plataforma que oferece hoje em dia, para seus assinantes em mais de 190 países, uma diversidade de séries e filmes via streaming. Não só isso: os clientes da Netflix têm acesso a conteúdo exclusivo produzido pela empresa.

Categoria 3 – Novos produtos para o mercado. Ao contrário da categoria 2, os produtos dessa categoria são desconhecidos pelo mercado, mas em alguma outra região a empresa já teve a oportunidade de desenvolvê-lo. Por isso, pode-se dizer que há um risco médio nos produtos da categoria 3. Provavelmente, a experiência com a produção foi positiva para empresa e, por acreditar na rentabilidade do produto e já conhecer a produção e os custos, ela decide lançá-lo em um novo mercado. É importante ressaltar que mesmo o produto não sendo desconhecido pela empresa, para uma garantia de adesão dele no novo mercado é importante avaliar seu potencial com pesquisas e análises de mercado. Com esses mecanismos e novos investimentos, há uma adaptação às condições locais, para, então, construir uma capacidade de produção.

Um exemplo da categoria 3 é a Airbnb, que criou uma rede mundial para as pessoas anunciarem e/ou acharem locais para se hospedar, independentemente do tempo. É uma plataforma confiável, na qual é possível encontrar os mais diversos preços, tipos de moradias, sendo possível se conectar também com ex-hóspedes que já optaram pelo determinado local.

Categoria 4 – Novos produtos para a empresa e para o mercado. Aqui tratamos de um dos extremos, as inovações radicais. Para entender melhor essa categoria, pode-se usar o exemplo dos *smartphones*. Antigamente, era necessário sair de casa com um celular caso quisesse falar com alguém, uma câmera se precisasse tirar foto, um MP3 *player* caso quisesse escutar música... O *smartphone* revolucionou o mercado juntando todas essas funções, entre diversas mais, em um dispositivo só. O *smartphone* representa perfeitamente a categoria 4, pois, assim como os demais produtos dessa categoria, incorpora tecnologias distintas já aplicadas em outros produtos e apresenta novas utilidades e benefícios para os consumidores.

Pensar em invenção e inovação é refletir sobre o mundo contemporâneo. Você seria capaz de elencar alguns produtos que, nas últimas décadas, tenham mudado nossa sociedade e forma de vida?

Bem, veja o que Vogel (2012) sugere no quadro 1. Você concorda?

E depois que esta obra foi publicada, alguma outra invenção redesenhou nosso modo de vida?

Quadro 1
30 produtos que mudaram a vida moderna

1. Computador pessoal	17. *Driver* de disco de computador
2. Forno de microondas	18. Transplante de órgãos
3. Fotocopiadora	19. Sistema de fibra ótica
4. Calculadora de bolso	20. Fralda descartável
5. Aparelho de fax	21. Sistema operacional MS-DOS
6. Pílula anticoncepcional	22. Imagem por ressonância magnética
7. Videocassete residencial	23. Técnica de entrançamento de genes
8. Satélite de comunicação	24. Microcirurgia
9. Código de barras	25. Câmera de vídeo
10. Circuito eletrônico integrado	26. Ônibus espacial
11. Caixa eletrônico de bancos	27. Alarme residencial de fumaça
12. Secretária eletrônica	28. Tomografia computadorizada
13. Fecho de velcro	29. Visor de cristal líquido
14. Telefone de toque de tom	30. Óculos de realidade virtual
15. Cirurgia a *laser*	
16. Nave espacial Apollo	

Fonte: Vogel (2012).

As empresas não podem ignorar as inovações incrementais e radicais. Essas revoluções vêm acompanhadas de muitos riscos e investimento de recursos. É necessário dinheiro, tempo, estudo de novas tecnologias, mão de obra qualificada e, claro, uma estrutura interna física que atenda à demanda da nova produção. Além disso, é preciso uma ambientalização do consumidor com o novo, conscientizando-o de suas funções e benefícios; afinal, os riscos percebidos podem dificultar a adoção do produto pelos potenciais clientes; então, é necessário educá-los, de forma a evidenciar todas as novas oportunidades que o produto traz.

Na configuração atual de mercado, tendo em vista os riscos e custos de produção desses itens inovadores, é mais comum que empresas grandes se arrisquem para desenvolvê-los. Grandes empresas, além de serem melhor estruturadas para lidar com os possíveis prejuízos, possuem também mais clientes, têm maior facilidade de atuar em escala internacional.

Em relação às inovações incrementais, a empresa não se afasta da área original de competência, e os investimentos são inferiores aos dos produtos radicais, servindo aos mesmos consumidores e tendo os riscos minimizados. Os compradores provavelmente já superaram as barreiras à adesão ao produto, aprendendo sobre sua tecnologia, benefícios e impacto na rotina.

O lançamento de novos produtos com inovações incrementais está se tornando cada vez mais frequente, seja modificando, seja melhorando um produto, e é muito comum em empresas de tecnologia. No entanto, há diversas críticas a esse tipo de inovação. Alguns especialistas acreditam que inovações incrementais são apenas uma "maquiagem" do produto, não causando nenhum verdadeiro impacto em seus benefícios e funções nem na vida do consumidor; então, o pequeno diferencial que causam é superado em pouco tempo. Para eles, as inovações incrementais tornam a empresa vulnerável em longo prazo e a solução para sustentar a vantagem competitiva seriam as inovações radicais.

O primeiro aspecto que contradiz esse ponto de vista é que uma inovação não é superior a outra, ou seja, inovações radicais não são melhores que as incrementais e vice-versa. Cada produto revolucionário gera derivações que não possuem metade de sua qualidade, mas que são rentáveis, gerando lucros expressivos. Isso acontece constantemente com filmes e suas sequências, que normalmente demandam uma pesquisa muito menor que a da Apple, por exemplo, na hora de lançar um produto ou fazer uma mudança. Na maioria dos mercados, para uma grande evolução são necessários pequenos avanços.

Outro aspecto relevante é que há uma relação inovação do produto × desempenho obtido, como mostra a pesquisa publicada no *Journal of Product Innovation Management*, representada no gráfico da figura 3. Nele, há produtos de: (a) grande inovação, (b) moderada inovação e (c) pequena inovação.

Figura 3
Impactos de inovação de produtos sobre o desempenho

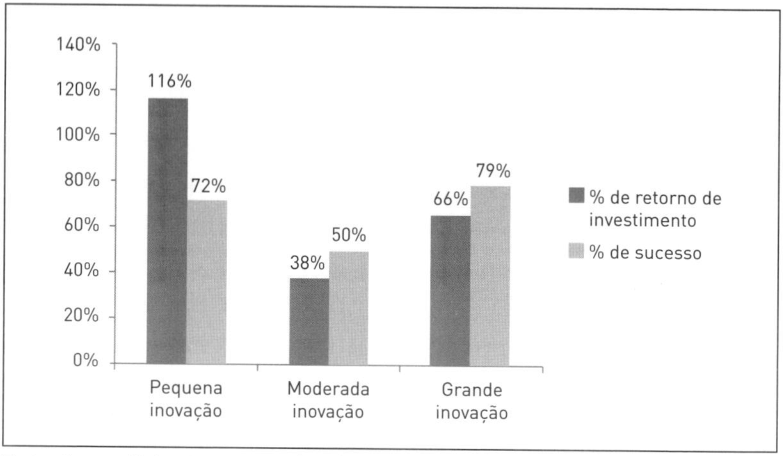

Fonte: Cooper, Kleinschmidt e Elko (1991).

Na figura é apresentado o formato de U da relação entre o grau de inovação e duas medidas de desempenho: o percentual de sucesso e o percentual de retorno sobre investimento. Em relação à taxa de sucesso, as grandes inovações se saem melhor, com 79%, seguidas de perto pelas pequenas inovações, com 72%; as inovações moderadas apresentam apenas 50% de sucesso. Já quando se trata de taxa de retorno sobre investimento (ROI), as pequenas inovações já apresentam um melhor resultado de 116%, pois demandam um menor investimento, seguidas pelas grandes inovações, que apresentam 66% de sucesso, e a menor taxa é das inovações moderadas, com 38%. Para entender melhor a figura, importante saber que "pequena inovação", nesse estudo, são modificações de produtos já existentes; "moderada inovação" envolve tanto produtos novos para a empresa e conhecidos no mercado quanto um novo modelo de um produto já conhecido pela empresa; e por último, "grande inovação" faz referência a produtos novos para o mercado e para as empresas.

Portanto, pode-se concluir que, mesmo as grandes inovações gerando um bom retorno, pequenas inovações também produzem resultados muito atraentes.

Razões para lançar novos produtos

Conforme apresentado, incorporar um novo produto na linha de produção pode demandar muitos recursos e, mesmo com estudos sobre o mercado, não há garantia de 100% de sucesso. Existem diversos casos de empresas que inovaram seus produtos e tiveram as vendas estagnadas em longo prazo. A Mercedes-Benz, por exemplo, foi foco de grande atenção quando chegou ao Brasil; no entanto, com o tempo, seu valor percebido não conseguia mais justificar seu preço. Contudo, mesmo com a incerteza e custos que acompanham um novo produto, empresas que não fazem esse investimento costumam se prejudicar mais do que as que o fazem.

O estudo apresentado na figura 3 indica que a relação da receita obtida com novos produtos e a posição relativa da empresa, independentemente de ela ser de alta ou baixa tecnologia, é positiva. Conclui-se, então, que dificilmente uma empresa vai ser referência em seu setor sem desenvolver novos produtos; afinal, os mesmos podem gerar vantagens competitivas. O impacto dos novos produtos no desempenho da empresa pode decorrer dos seguintes fatores:

- consumidores já estão familiarizados com o que existe e buscam novidades que os instiguem;
- o avanço da tecnologia trazendo oportunidades de criação e/ou desenvolvimento de produtos, por exemplo, telefone móvel, *wi-fi* etc.;
- o dinamismo da sociedade hoje em dia;

- concorrentes que se arriscam com produtos originais ou copiam as ofertas das empresas. Por exemplo, as acusações feitas à Samsung por ter copiado o produto da Apple, e vice-versa.

As mudanças nos hábitos, comportamento e necessidades dos brasileiros abrem espaço para a criação de novos produtos que atendam à atual demanda. O fato de a saúde ser um tema cada vez mais debatido, conscientizando a população da importância dos cuidados desde jovem, favorece o mercado de produtos *light*. Com o avanço da tecnologia, tornou-se possível armazenar diversas informações em um dispositivo mínimo, o *pen drive*, de fácil mobilidade; o celular tornou-se, praticamente, um minicomputador.

Como já apresentado, outro incentivo para o desenvolvimento de novos produtos são as vantagens competitivas oriundas deles. Quando uma empresa lança um produto novo, uma concorrente copia os produtos estrelas da outra empresa, reduzindo a vantagem competitiva da primeira. É essencial, para o sucesso da empresa, não deixar que as concorrentes igualem, ou sejam pioneiras nas inovações. É cada vez menor o tempo de reação dos concorrentes quando aparece um novo produto.

Como exemplo dessa situação, pode-se citar a reação da Coca-Cola diante do sucesso no lançamento do produto H2OH pela Pepsi, o qual teve ampla aceitação pelos consumidores da cidade de São Paulo, em 2007. Apesar de, na época, a Coca-Cola já dispor de um produto similar, Aquarius, em 2009, como uma medida para impulsionar a marca e concorrer diretamente com H2OH, da Pepsi, a Coca-Cola lançou a versão Aquarius Fresh, um produto com características semelhantes ao da Pepsi, com sabores cítricos e a neutralização da ideia de refrigerante pela alusão à "água gaseificada". H2OH lembra a fórmula de composição da água e Aquarius alude a um termo em latim que significa aquário, ou seja, um local repleto de água.

Quando a empresa não desenvolve novos produtos, começa a enfraquecer cada vez mais no mercado, pois seus produtos ficam indiferenciados e antigos, enquanto a concorrência começa a se destacar. Os consumidores começam a perder o interesse na empresa, já que eles desejam novos produtos, e a rentabilidade é prejudicada. Quando isso acontece, é necessário um marketing agressivo para a empresa continuar no mercado.

Estratégias de desenvolvimento de novos produtos

Existem dois modelos de estratégias que as empresas podem adotar para desenvolver novos produtos: inovação puxada pelo mercado *versus* empurrada pela tecnologia e desenvolvimento interno *versus* o externo. As opções podem ser combinadas para melhorar o desempenho desses novos produtos.

Desenvolvimento "puxado pelo mercado" *versus* "empurrado pela tecnologia"

Quando a inovação é puxada pelo mercado, a criação é incentivada pela demanda e desejos dos consumidores. O desenvolvimento do produto, para que ocorra dessa forma, pressupõe a realização de pesquisas de mercado para verificar o que os consumidores querem, quais necessidades eles sentem e ainda não foram atendidas pelas ofertas atuais, quais foram parcialmente satisfeitas e quais já foram completamente satisfeitas, para depois desenvolver um produto atendendo a essas expectativas.

Porém, quando a estratégia de inovação é a empurrada pela tecnologia, a ideia antecede a criação e há um risco maior já que não há um público-alvo previamente determinado. Há uma fusão entre pesquisas científicas e novas tecnologias para originar novos produtos. Mesmo que o produto não possua um mercado definido ou demanda já estudada, não significa que não exista potencial consumo; afinal, esse modelo pode resultar em produtos revolucionários.

Na inovação, seria ideal para uma empresa investir recursos para combinar a inovação puxada pelo mercado com a empurrada pela tecnologia. Obtém-se, assim, sinergia entre mercado, tecnologia e novos produtos. O desafio é criar condições que estimulem e canalizem as duas forças para criar a "mistura perfeita" entre mercado e tecnologia. Das inovações com sucesso, 60% a 80% são puxadas pelo mercado, contra 20% a 40% empurradas pela tecnologia.

Desenvolvimento interno *versus* externo

Para uma empresa desenvolver novos produtos competitivos e valorizados no mercado, são necessários recursos de projetos, produção e marketing. Para obter essa base, a empresa pode seguir a estratégia de desenvolvimento interno ou externo, que seriam as alianças, ou por aquisição. Ambas as estratégias envolvem aprendizado; afinal, a empresa precisa se preparar para um produto além do que já estava acostumada. Não só isso. Sempre é necessário um investimento em infraestrutura produtiva, além de um eventual aumento da demanda por recursos humanos, materiais, financeiros da empresa, tendo impacto direto em seu planejamento estratégico.

No desenvolvimento interno, a empresa utiliza os próprios recursos, trabalhando para produzir e lançar no mercado o novo produto. O esforço interno para dominar as diferentes fases de desenvolvimento é demorado e não há garantia de que, quando pronto, o produto seja lançado com o valor percebido pretendido e necessário. Além disso, pode ocorrer de, quando o novo produto chegar ao mercado, a concorrência já ter avançado, deixando o lançamento defasado.

Em relação ao desenvolvimento externo, há diversas possibilidades que variam desde uma eventual aquisição de uma empresa a uma aliança corporativa (*joint venture*). Um exemplo é a empresa conseguir a tecnologia necessária para o novo produto adquirindo a licença mediante o pagamento de *royalties*. Importante também é se organizar para que os avanços técnicos sejam repassados, garantindo a atualização tecnológica dos produtos e a preservação dos investimentos já realizados. O licenciamento é mais provável com fornecedor que não pretende disputar mercados com a empresa licenciada. Um exemplo é a Semp Toshiba: os japoneses entram com a tecnologia e são sócios minoritários da empresa brasileira.

A aquisição *original equipment manufacturer* (OEM) está se tornando cada vez mais comum. Essa estratégia é adotada pelos fabricantes dos equipamentos originais. A rigor, ela ocorre quando a empresa coloca sua marca no produto projetado e fabricado pelo fornecedor. Um dos pontos negativos do licenciamento e do OEM é a dependência perante o fornecedor. Se ele não quiser mais investir no produto ou quebrar, quem depende dos recursos dele enfrentará problemas e prejuízos. Para diminuir o risco, é interessante a empresa já ter alternativas de fornecimento.

Em alguns casos a empresa decide comprar outra que tem os recursos e competências necessárias para inovação. Para que essa estratégia ocorra, são necessários três requisitos: disponibilidade de capital para a compra, existência de empresa à venda e capacidade do comprador de administrar o novo negócio com efetividade. Por exemplo, o desenvolvimento externo por aquisição foi feito pela IBM, que em 2013 comprou SoftLayer Technologies com o objetivo de fortalecer e desenvolver sua computação em nuvem.

Na estratégia de aliança, duas empresas combinam suas competências e recursos para explorar uma oportunidade de mercado com novos produtos. A vantagem dessa estratégia é que uma empresa supre a outra com seus negócios e competências distintas, fazendo juntas o que dificilmente fariam sozinhas. Diferentemente do licenciamento e do OEM, há uma mútua dependência, havendo necessidade de equilíbrio nos termos da convivência, como contribuição dos parceiros, compartilhamento de responsabilidades e participação nos resultados.

No entanto, a estratégia de aliança também possui pontos negativos. Um deles é a abertura da operação interna para o parceiro, que toma conhecimento das estratégias, tecnologias, receitas. Além disso, pode acontecer uma incompatibilidade de culturas e estilos, e, se não há disposição para superá-los, a estratégia de aliança fracassa.

O processo de desenvolvimento de novos produtos

Lançar um novo produto é um processo muito complexo para apenas esperarmos que, de tempos em tempos, um cliente e/ou funcionário venha com um *insight* interessante ou que um grupo de colaboradores se dedique a transformar uma ideia boa em prática. É necessária uma sistematização do processo de lançamento de um produto no mercado; afinal, o mesmo é complexo o suficiente para ficar apenas na tentativa e erro. Sem essa sistematização, os resultados esperados não são obtidos.

Os problemas podem ser muitos: poucas propostas articuladas de inovação, desenvolvimento lento, falta de dados e critérios para analisar os projetos. A sistematização é para garantir que o processo de desenvolvimento de produtos seja proativo, deliberado, estruturado, autônomo e conte com orçamento próprio. Empresas interessadas em rentabilidade, competitividade e crescimento no longo prazo, rejeitam a ideia de que as inovações aconteceram de forma aleatória, sem um processo definido. Quando se trata de novos produtos, não se pode confiar apenas no acaso.

O desenvolvimento de novos produtos é trabalho multifuncional. O marketing opera coordenado com equipes de engenharia, finanças e produção. O trabalho coletivo, envolvendo ações funcionais integradas, compartilhamento de objetivos e o bom fluxo de comunicações é extremamente benéfico para a gestão de novos produtos.

Velocidade é outro requisito importante no processo de desenvolvimento de novos produtos. A empresa que ingressa primeiro o novo produto no mercado com as estratégias corretas para consolidar esse lançamento tem chances mais altas de sucesso do que seus seguidores. Produtos pioneiros em seus mercados, além de terem acesso privilegiado à mente do consumidor, trabalham antes o apoio de fornecedores e distribuidores. Por exemplo, o WhatsApp foi um dos primeiros aplicativos de mensagem instantânea, eficaz e adaptável para diversos modelos de celular. Hoje em dia, ele está presente em mais de 180 países e, mesmo já existindo diversas outras plataformas e aplicativos com a mesma função, o WhatsApp continua apresentando um número gigante de usuários, sendo líder na maioria dos países em que está presente.

O método de etapas e portões, representado na figura 4, é um referencial para guiar projetos de desenvolvimento de novos produtos. Ele é composto por geração de ideias e triagem inicial (portão 1), investigação preliminar (etapa 1), triagem secundária (portão 2), investigação detalhada (etapa 2), decisão sobre proposta de negócio (portão 3), desenvolvimento do produto (etapa 3), revisão pós-desenvolvimento (portão 4), teste e validação (etapa 4), análise pré-comercialização (portão 5), produção plena de lançamento no mercado (etapa 5) e revisão pós-implementação.

Nos portões, as decisões são tomadas por um comitê multifuncional. Quanto mais próximo do portão 5, mais completa deve ser a representação das diversas áreas do comitê. Formado por profissionais de engenharia, marketing, finanças, produção, o comitê apresenta diversas perspectivas que aumentam a qualidade da avaliação das propostas. Em conjunto, o grupo tem uma visão e compreensão abrangente dos recursos e competências da empresa e das ameaças e oportunidades do ambiente. Em grupo, uma proposta promissora tem menos chance de ser abandonada porque contraria a opinião de um executivo. O comitê tem a capacidade de detectar deficiências que poderiam passar despercebidas caso a avaliação fosse feita apenas por uma pessoa. Quem aprova o projeto em cada estágio deve ter autoridade formal para aprovar o consumo de recursos na execução da etapa seguinte.

Conforme o processo avança, aumentam a relevância das informações e a precisão das análises. No início, as análises ainda são pouco detalhadas e as informações são mais superficiais. Com o progresso do trabalho, informações mais específicas são obtidas e vão tornando as avaliações subsequentes cada vez melhores, formando um quadro mais nítido sobre a necessidade de interromper, reformular ou caminhar para o lançamento de novo produto. Pode-se comparar o processo a um funil: recebe muitas ideias de inovação, mas permite que poucas cheguem ao “outro lado”, que seria o mercado. A proposta que aprovada em todos os portões chega ao final do processo tem uma alta probabilidade de sucesso. Não só isso. O método de portões e etapas reduz os custos totais do desenvolvimento. Propostas que não são consideradas tão promissoras são descartadas antes do lançamento, evitando-se desperdício de recursos como tempo e dinheiro, que são redirecionados para os projetos mais viáveis. A seguir, na figura 4, são explicadas as etapas e os portões desse processo.

Figura 4
Processo de desenvolvimento de novos produtos

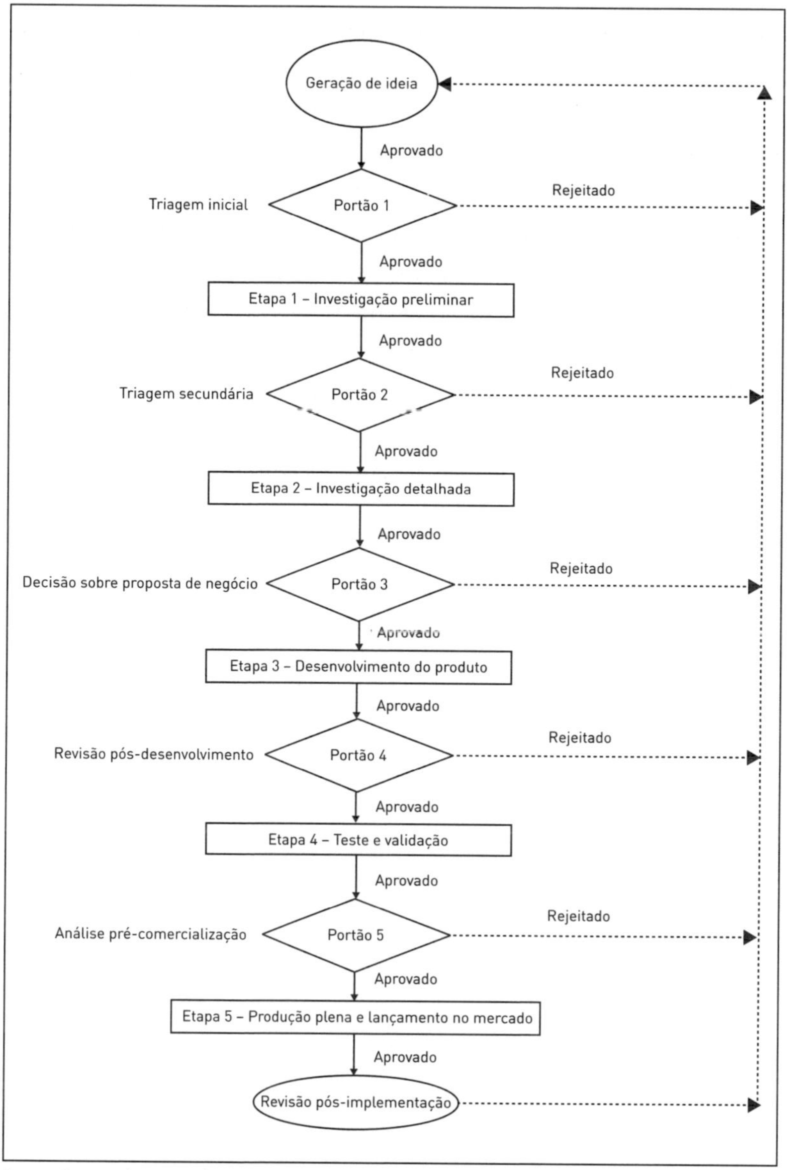

Fonte: Cooper (1998:105).

Resumo do capítulo

Pelo que discutimos aqui, observamos os diversos fatores que estão ligados à inovação e ao desenvolvimento de novos produtos e, como estes, não dependem exclusivamente da decisão da empresa, isto é, de sua livre iniciativa em criar produtos para ganhar maior participação de mercado ou, eventualmente, achar meios para enfrentar a concorrência. Muitas vezes, a criação do novo produto é impulsionada pela demanda ou pela tecnologia, além do fato de ocorrer a mudança em função de alterações no comportamento ou nos hábitos de consumidores em geral.

No capítulo 3, analisaremos outras questões relevantes do processo de desenvolvimento de novos produtos, desde a geração de ideias até a formulação de estratégias para comunicação ao mercado.

3
Processo de lançamento de novos produtos

Apresentaremos, neste capítulo, todo o percurso do lançamento de novos produtos, desde a geração de ideias, seleção, elaboração do conceito e demais orientações necessárias para o desenvolvimento desses produtos de maneira que gere impacto no momento em que estiver no mercado.

Plano de lançamento de novos produtos

O roteiro básico para um plano de lançamento de novos produtos é composto de oito etapas:

- geração de ideias;
- análise e triagem;
- desenvolvimento do conceito e testes;
- desenvolvimento das estratégias de marketing;
- análise do negócio;
- desenvolvimento do produto;
- teste de mercado;
- comercialização.

Ao final de cada uma das etapas, o gerente de produto deve se perguntar se vale a pena – ou não – continuar com o desenvolvimento desse produto. Se a resposta for negativa, ou se abandona a ideia ou o conceito, ou se retorna ao passo anterior.

Geração de ideias

O processo de desenvolvimento de novos produtos se inicia com a geração de ideias. A identificação clara das necessidades dos clientes é o ponto de partida.

A maior parte das ideias para novos produtos origina-se dos próprios clientes. Não é à toa que diversas empresas utilizam com frequência seus próprios clientes na descrição de seus problemas e necessidades. Algumas empresas, independentemente dos tradicionais grupos de pesquisa de foco, adotam um fórum com periodicidade definida e exclusiva para tal, como é o caso da Latam, que utiliza um conselho de clientes. A cada mês, a empresa patrocina uma reunião entre suas equipes, incluindo diretamente a presidência e sua alta gerência, com um grupo de 20 clientes de um total de 100 que compõem esse conselho, selecionados de um grupo de viajantes frequentes. Em apenas uma reunião, 80 sugestões de novos produtos e melhorias foram coletadas no fórum.

O incentivo à participação dos funcionários tem sido outra fonte bastante importante para a geração de novas ideias. A 3M tem implementado a "regra dos 15%", isto é, a empresa permite que o funcionário gaste até 15% do seu tempo se dedicando a projetos de seu interesse pessoal, incentivando todos os seus colaboradores a serem "defensores de produtos" e não somente os gerentes de produtos e pesquisadores. O *post it* é exemplo de um produto que surgiu assim.

A análise de produtos das concorrências direta e indireta também é outra fonte de busca de novas ideias. Os sistemas ou departamentos de inteligência de mercado, em alguns ambientes empresariais, tomam um papel fundamental no suporte e recomendação a decisões de novos produtos, especialmente com dados quantitativos e qualitativos para auxiliar a decisão. Feiras e eventos comerciais dos setores que envolvem a empresa devem ser considerados missões onde, em um único lugar, diversas informações podem ser colhidas. Distribuidores, fornecedores e representantes de vendas, atendimento e assistência técnica também têm importância crucial como fonte de geração de ideias pelo simples fato de terem contato direto com clientes e com produtos de concorrentes, podendo ponderar muito bem com uma visão externa. Essa é uma fonte que, particularmente, tem sido negligenciada pelas empresas que, muitas vezes, limitam ou somente entendem os fornecedores, distribuidores e representantes exercendo seus papéis originais.

Por outro lado, algumas organizações até já incentivam e premiam esses colaboradores indiretos na implementação de novos produtos ou melhorias por eles sugeridas.

A alta gerência também é outra fonte de novas ideias. Alguns executivos trazem esse desafio para si. Outros acham que devem estabelecer um ambiente propício para tal. Um exemplo relevante dessa postura é o de Michel Dell, da Dell Computadores. Inicialmente, foi o responsável pelas inovações e hoje tem a missão de propiciar um ambiente que as facilite, apesar de, em sua autobiografia, confessar ser difícil "tirar o dedo", deixar de se envolver nessa atividade.

Existem ainda as fontes externas, como inventores, advogados de patentes, laboratórios de universidades, laboratórios comerciais, consultores, agências de propaganda, empresas de pesquisa e publicações setoriais.

Mas, como gerar novas ideias?

A seguir apresentamos algumas técnicas de geração de novas ideias.

Técnicas de geração de ideias

Diversas técnicas podem ser utilizadas para a geração de novos produtos. Entre elas destacam-se a listagem de atributos, os relacionamentos forçados, a análise morfológica e identificação da necessidade ou problema. Ressaltamos a importância de pesquisas de cunho qualitativo, como entrevistas em profundidade e grupos de foco.

Há ainda uma técnica chamada de SCAMPER, que é um acrônimo para:

- *S*ubstituir (componentes, materiais);
- *C*ombinar (novos serviços);
- *A*daptar (alterar, mudar funções);
- *M*odificar (formato, cores);
- *P*ôr para outro uso (novas utilidades);
- *E*liminar (elementos); ou
- *R*everter (o que não deve ser feito).

Esta e outras técnicas de geração de novas ideias estão detalhadas em <www.mindtools.com>.

Com o objetivo de buscar um enfoque mais prático, direcionamos a descrição para uma técnica de amplo uso que é o *brainstorming*. Na figura 5, apresentamos um resumo da metodologia das técnicas de geração de ideias.

Nesse caso, estamos aplicando o denominado diagrama de Parnes (figura 6).

A proposta desse modelo é que em no máximo cinco sessões rápidas de *brainstorming* se consiga estruturar uma ideia para a decisão de sua seleção. Os cinco passos são: a identificação de requisitos do cliente, a determinação de requisitos do produto associados a essas necessidades dos clientes, a descrição da ideia do produto,

Figura 5
Técnicas de geração de ideias

Bases de geração de ideias	*Brainstorming*
• Listagem de atributos	Grupo de seis a 10 pessoas.
• Relacionamentos forçados	Uma a duas horas – manhã.
• Análise morfológica	Crítica proibida.
• Identificação da necessidade/problema	Divagação bem-vinda.
	Quantidade encorajada.
	O "gancho" utilizado.
	⬇
	"Toró de palpates"

Fonte: Elaboração dos autores.

Figura 6
Diagrama de Parnes

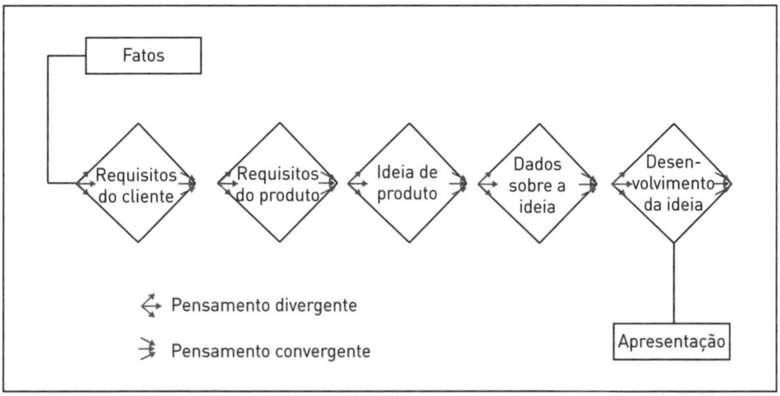

Fonte: Parnes (1992).

a coleta de dados sobre essa ideia para suportar sua decisão e seu desenvolvimento para apresentação e tomada de decisão. A proposta baseia-se, integralmente, no modelo de *brainstorming*, que tem como regras básicas um grupo multidisciplinar de seis a 10 pessoas, com sessões de, no máximo, duas horas, preferencialmente pela manhã. A quantidade das ideias é incentivada, independentemente da qualidade; a crítica inicial é proibida e o "gancho" (aproveitando de ideias originais para seu desenvolvimento e aprofundamento) é utilizado. As sessões são, em um primeiro momento, divergentes, isto é, de total liberdade de expressão, e, próximo de seu final, convergentes, com as críticas acontecendo e o consenso e o envolvimento do grupo em torno da evolução da ideia sendo buscados de maneira a consolidar sua estruturação. Apesar de o exercício de *brainstorming* ter um conjunto de regras que soa um tanto quanto incompatível, essas são as recomendações para se alcançar uma estruturação melhor das ideias.

Análise e triagem

A análise e triagem de ideias é uma atividade subsequente à sua geração e tem como objetivo principal descartar as ideias ruins para evitar os altos custos de desenvolvimento desnecessários que vão se incorporando a partir dessa etapa.

As empresas pedem, geralmente, no mínimo, as seguintes informações para poder suportar o processo decisório: descrição da ideia do produto, mercado total e alvo estimado em volumes e valores, concorrência, preço, custos de desenvolvimento e produção estimados e avalição de retorno deste projeto. É exatamente por isto que se propõe a estruturação dos passos do diagrama de Parnes para a estruturação da ideia de produto que foi gerada, pois ela pode contemplar bem esses passos.

Geralmente, um comitê executivo avalia a ideia. Kotler (2010) sugere a adoção de uma avaliação ponderada das probabilidades do sucesso de uma ideia de produto segundo as perspectivas de seu uso, relação custo/benefício, suporte financeiro para o programa de marketing e força dos seus concorrentes.

A empresa irá ponderar a esses requisitos segundo seus próprios critérios e incorporar outros que julgue necessários, determinando uma taxa mínima para aceitação, isto é, para a continuidade da avaliação da ideia. Kotler sugere um valor total mínimo ponderado de 61%.

Desenvolvimento de conceitos e testes

É a etapa na qual a ideia é traduzida para a linguagem que poderá ser avaliada pelo cliente potencial. Quanto mais próxima da experiência final do cliente essa descrição estiver, mais preciso será o teste, sua análise e tomada de decisão. Sendo assim, o ideal é tangibilizar essa experiência com amostras, protótipos.

A computação gráfica, aliada à realidade virtual, vem sendo muito utilizada para poder tanto reduzir custo quanto ampliar sua aplicação em grupos maiores de clientes potenciais (generalização), mesmo a distância.

No teste de conceito, a empresa se propõe a avaliar as dimensões de comunicabilidade e credibilidade, nível de necessidade, nível de lacuna, valor percebido, intenção de compra e clientes-alvo, com suas ocasiões e frequência de compras. Questões como tipos de embalagens, faixas de preços, sugestões de nomes de marca também são avaliadas preliminarmente nessa etapa.

Desenvolvimento da estratégia de marketing

A estratégia de marketing se subdivide em três etapas. A primeira descreve o tamanho, a estrutura e o comportamento do mercado-alvo; o posicionamento do produto; as metas de vendas; a participação de mercado e os lucros que serão atingidos nos primeiros anos.

A segunda descreve o preço planejado, a estratégia de distribuição e o orçamento de marketing, enquanto a terceira etapa descreve as metas de vendas e lucros de longo prazo e a estratégia de *mix* de marketing ao longo do tempo, isto é, a estratégia dos 4Ps de marketing de acordo com o atendimento de determinadas metas e etapas do ciclo de vida do produto, que será detalhado no capítulo 5.

Resumidamente, um produto pode ser lançado a um preço mais alto que o vigente no mercado (nata) ou, ainda, no mesmo preço ou num preço mais baixo (penetração). Qual é a lógica dessas duas diferentes estratégias? Financeiramente, como essas duas decisões antagônicas geram resultados positivos para as empresas?

Bem, se a empresa tem um produto caro, ela espera obter lucro na margem, ou seja, vende-se menos do que se poderia, mas como o preço é alto, o lucro deriva da diferença entre o custo real de produção e o preço de venda. Esse tipo de produto é chamado de *premium*. É o caso do Omo, do sabonete Dove, da lâmina de barbear da Gillette chamada de “Fusion”.

Outra alternativa é comercializar o produto a um preço inferior ao praticado no mercado. Se a margem de lucro unitária é pequena, como ter lucro então? No volume. Espera-se vender muito. Conforme argumentam os autores Prahalad e Ramaswamy (2004) na obra *The future of competition: co-creating unique value with customers*, em países emergentes há uma grande parte da população ansiosa para consumir, mas que tem um baixo poder aquisitivo. Então, ele sugere que as empresas lancem produtos mais baratos que atendam à base da pirâmide. Essa é a estratégia da Unilever quando lança o detergente Ala, ou ainda, dos múltiplos produtos chineses que invadem muitas indústrias (como brinquedos, automóveis).

Análise do negócio

Nesse ponto, o gerente de produto fará o detalhamento da estimativa de resultados financeiros do negócio ao longo do tempo, incluindo receitas, custos, depreciação de investimento e lucro. Trata-se de uma etapa absolutamente crucial, pois a ponderação, ou seja, uma visão realista e desprendida do amor à ideia e ao produto orientará a empresa em uma decisão importante: dar início ou não ao desenvolvimento do produto em si, com os diversos custos envolvidos.

A estimativa de receitas deve levar em consideração o tipo de produto na sua distribuição na linha do tempo. Produtos geralmente de venda única, como imóveis, por exemplo; produtos de venda de reposição; bens industriais duráveis, como geladeiras, por exemplo; e produtos de venda frequente, como bens de consumo e bens industriais não duráveis.

Para essa análise, geralmente se constrói um demonstrativo de resultados do exercício do produto, recomendando análises de, no mínimo, cinco anos, dependendo, é claro, do tipo de produto a ser avaliado. Esse período exclui o(s) ano(s) de desenvolvimento do produto, nos quais não haverá, ainda, receitas auferidas. O demonstrativo a seguir possui, geralmente, as seguintes linhas:

- Receita bruta de vendas (preço unitário *versus* quantidade);
- Deduções e abatimentos;
- Impostos;
- Receita líquida;
- Custos dos produtos vendidos (custos aplicados diretamente à produção);
- Margem bruta;
- Custos de desenvolvimento;
- Custos de marketing;

- Custos indiretos (despesas da empresa não ligadas à produção; incluem despesas de vendas e administração alocadas);
- Margem de contribuição suplementar (impacto positivo ou negativo do produto nas margens do portfólio existente);
- Margem de contribuição líquida;
- Depreciação de investimentos realizados (de acordo com normas contábeis nacionais);
- Lucro líquido antes do imposto de renda (IRPJ, CSLL);
- Lucro líquido descontado, aplicado à taxa ponderada de rentabilidade do capital próprio e de terceiros, que varia de acordo com o que o mercado financeiro projeta de retornos nas previsões do momento da análise, bem como expectativas dos acionistas (taxas de desconto entre 10% e 20% têm sido utilizadas); aproxima-se do conceito de valor econômico agregado ou EVA (*economic value added*), nesse caso aplicado especificamente ao produto. Essa medida tem sido muito utilizada por empresas na análise de seus negócios e determinação de metas financeiras.

Outra demonstração financeira também muito aplicada pelas organizações nessa etapa é o cálculo do ponto de equilíbrio, isto é, a partir de quantas unidades vendidas do produto os investimentos e custos se pagam. As despesas e os investimentos do período de desenvolvimento devem ser considerados nesse cálculo. A análise de risco também é um fator avaliado e, para tal, muitas vezes se usa a projeção de cenários: otimista, realista e conservador.

Um profissional de marketing não tem que ser um especialista em matemática financeira, mas, obrigatoriamente, tem de ser capaz de vender suas ideias. Imagine, leitor, que seu diretor seja um engenheiro. Como justificar que o produto que pensamos (tão criativamente) é bom?

Concorda que temos de demonstrar que existe demanda, que estamos preparados para enfrentar uma eventual sazonalidade, que consideramos os custos de produção e de comercialização, que calculamos nossa margem de lucro?

Mais do que isso, você ouvirá a pergunta que vale um milhão de dólares: Vamos investir quanto, para ter quanto de volta, em quanto tempo? Se você fosse o dono de uma escola, você abriria uma turma nova com apenas quatro alunos? Qual seria o número mínimo de alunos numa turma para que esta não gerasse prejuízo?

Note que, apesar de sermos profissionais de marketing, temos de ter noção do que ocorre na arena econômica; de que o dinheiro perde valor ao longo do tempo; de que existe inflação no nosso país; de que a taxa de desemprego pode afetar nossa demanda; de que cada indústria está sujeita a uma carga tributária.

Esses fatores (a maioria exógenos) serão fundamentais para as nossas decisões sobre o lançamento de um novo produto e quando fazê-lo.

Desenvolvimento do produto e QFD

Quando o produto vai para a área de pesquisa e desenvolvimento ou para a de engenharia (no caso de serviços, para as áreas de processos ou desenvolvimento de sistemas) é fundamental que as necessidades de clientes, identificadas e transformadas em atributos do produto, sejam incorporadas na especificação, desenvolvimento e produção do mesmo, isto é, em um atributo de engenharia.

Esta operação é apoiada em um conjunto de métodos denominado *quality function deployment* (QFD), permitindo avaliar as opções e os custos para atender aos desejos dos clientes. Tem servido também como uma contribuição fundamental para a melhoria da comunicação entre os profissionais de marketing, engenheiros e pessoal da produção. Geralmente, as preferências dos clientes potenciais são avaliadas de acordo com as opções a lhes serem apresentadas. Supondo que existam três possibilidades (A, B e C), avaliam-se: a ordem de classificação (A>B>C), a comparação entre pares (A *vs.* B, A *vs.* C, B *vs.* C) e a classificação, um a um, de acordo com uma escala gradual, geralmente de sete pontos (1 = não gosta, até 7 = gosta muito).

Mas você concorda que é muito difícil para um gestor discernir e priorizar que produto deve ser efetivamente lançado? Cabe ao gestor elaborar um processo decisório estruturado, por meio do qual se otimize a alocação de recursos. Uma ferramenta que nos ajuda nessa etapa da vida organizacional é o *stage-gate*.

O método *stage-gate*, proposto por Robert G. Cooper, foi elaborado com as boas práticas de lançamento de novos produtos utilizadas pelas empresas inovadoras líderes em seus respectivos mercados.

No limite, o método *stage-gate* é a estruturação de processos de criação de um novo produto, os quais são compostos por estágios (*stages*) separados por pontos de avaliação e decisão (*gates*).

Cada *stage* é um conjunto de atividades de desenvolvimento com entregáveis bem-definidos. Os *gates*, por sua vez, são reuniões nas quais a equipe de projeto apresenta os entregáveis, desenvolvidos ao longo do último *stage*, para uma comissão avaliadora. Essa comissão deve discutir, com base em um conjunto de critérios previamente definidos, se o projeto do produto deve ou não seguir para o próximo *stage*.

Há quatro possíveis decisões a serem tomadas em cada *gate*:

- *continuar* (*go*) – os objetivos anteriores foram atingidos; tudo caminha bem em termos de mercado, clientes e finanças;
- *reciclar* (*recycle*) – deve-se trabalhar no *stage* atual, pois nem todos os objetivos foram atingidos, mas o produto é promissor ou é de alta prioridade;

- esperar (*hold*) – aparentemente as oportunidades que o novo produto representava esvaíram-se, mas, há a possibilidade de que a demanda volte a esquentar e, aí sim, continuaríamos com o desenvolvimento desse novo produto;
- *matar* (*kill*) – o projeto do novo produto deve ser cancelado.

Seguindo a lógica da ferramenta gerencial conhecida como *stage gate*, as principais características de um processo efetivo de alocação de recursos são descritas a seguir.

- *Disciplina* – Os gestores devem revisar todos os projetos de novos produtos e eliminar aqueles que não possuem um potencial adequado, ou seja, não deve ser uma decisão emocional, mas sim baseada em fatos e dados (olha a importância de termos conduzido uma boa pesquisa de marketing e de sabermos justificar nossos produtos financeiramente). A tomada de decisão não é um ato isolado e momentâneo; ela deve ser construída ao longo do tempo e baseada em múltiplas reuniões com toda a equipe gerencial, além dos profissionais que atuam no departamento de marketing. Devemos convidar nossos pares dos setores financeiro, produção, vendas e qualquer outro que possa ser um *stakeholder* estratégico para o sucesso do produto. Cada reunião deve ter um tempo de duração preestabelecido, uma pauta organizada, na qual estejam definidos os objetivos a serem discutidos. Nenhuma reunião de avaliação deve terminar sem que se conclua se o projeto deve ou não seguir.
- *Transparência* – No sentido de evitar que o projeto do novo produto seja abortado desnecessariamente, o que resultará em despesas para a organização, é fundamental que as ideias, fatos e dados sejam bem justificados de forma clara, honesta e transparente.

- *Incrementalidade* – Via de regra, todos os projetos de desenvolvimento de um novo produto envolvem incerteza; ademais, alguns são de alta complexidade técnica. Por isso, temos de ter um plano de lançamento de novos produtos bem estruturado e a segurança de que, ao longo do tempo, muitas de nossas incertezas serão reduzidas.
- *Flexibilidade* – Conduzir o plano de lançamento de um novo produto de forma disciplinada é, de certa forma, aumentar a burocracia, muitas vezes já existente, em uma organização, pois esses processos resultam em estabelecer novas tarefas a serem realizadas e promover reuniões de controle para a execução do projeto. Para os gestores, isso significa ter de encaixar mais algumas reuniões em uma agenda possivelmente lotada. Para a equipe envolvida, pressão para se preparar para a avaliação.

Existem vários modelos de *stage-gates*, mas aqui, propomos os seguintes estágios:

- *estágio 0*: geração de ideias – não se trata de um estágio de desenvolvimento propriamente dito, mas de coleta de ideias de múltiplas fontes para alimentar o processo de inovação;
- *estágio 1*: escopo (*go/no-go*) – nessa etapa, as ideias consideradas promissoras são trabalhadas minimamente para que se possa decidir por realizar ou não um estudo mais aprofundado. Aqui devemos estimar o tamanho do mercado, sazonalidade e esboçar os cálculos financeiros (investimento, custos de operação, receitas, tempo de retorno do investimento);
- *estágio 2*: planejamento – aqui montamos o plano de markting em si, com base nas nossas pesquisas, análise dos ambientes externo, interno e do consumidor; nossas estratégias de marketing e vendas e justificativa comercial-financeira;

- *estágio 3*: desenvolvimento – aqui se observa uma quantidade maior de investimentos no projeto. Nessa etapa é construído o primeiro protótipo do produto a ser lançado;
- *estágio 4*: teste e validação – o protótipo desenvolvido no estágio anterior é então alvo de uma bateria de testes técnicos e de mercado, antes do *roll-out* (lançamento oficial do produto);
- *estágio 5*: lançamento (*roll out*) – o produto começa a ser comercializado gradativamente ou abruptamente.

A seguir, apresentamos um exemplo de relatório a ser preenchido ao final de um *gate*.

Parte A (completada pelo líder de equipe de desenvolvimento do novo serviço)

Nome do projeto: ______________________________

Líder de equipe ______________________________

Recomendações para os *gatekeepers* (árbitros): continua/aborta/aguarda/recicla (selecionar uma das opções).

Compromissos de entrega

________ Parte C: critério do *gate* (completado)

________ Análise preliminar do negócio

________ Plano de ação: detalhado para o próximo *stage* (estágio) e delineado para os *stages* restantes. Inclui: cronogramas, recursos, orçamento

Parte B (completada pelos *gatekeepers*)

Decisão (selecione uma)

_____ **Continua**

- Concordamos em disponibilizar os recursos necessários para o próximo estágio, além de líder de equipe para o desenvolvimento do novo serviço, equipe (incluindo liberar tempo para seus componentes em caso de necessidade).
- Plano de ação para o próximo *stage* está aprovado; incluindo cronograma, recursos, orçamento, além de compromissos de entrega e datas para o próximo *gate*.

_____ **Aborta**

- O projeto é arquivado. Nenhum trabalho é feito; nenhum recurso é comprometido.

_____ **Aguarda**

- O projeto é colocado na lista de espera para revisão numa data futura.

_____ **Recicla**

- O projeto retorna ao *stage* anterior para trabalho posterior da equipe de desenvolvimento do novo serviço como especificado pelos *gatekeepers*.

Assuntos/considerações: ______________________________

____

Gatekeepers

Nome	Assinatura	Data

Parte C: Critério do *gate* (completado pelo líder da equipe de desenvolvimento do novo serviço)

Critérios obrigatórios (assinale Sim ou Não)

Alinhamento estratégico

O novo serviço se ajusta a uma área de foco estratégico?
(Sim) (Não)

Atratividade de mercado

O novo serviço satisfaz uma necessidade do cliente e aumenta sua satisfação?
(Sim) (Não)
O novo serviço estabelece uma vantagem competitiva?
(Sim) (Não)

Magnitude da oportunidade

A oportunidade justifica os recursos demandados?
(Sim) (Não)

Critérios que devem ser alcançados

(Concordo) (Discordo)

Ajuste estratégico

	Fortemente	Discordo	Neutro	Concordo	Fortemente
Ajusta-se bem à estratégia do negócio	1	2	3	4	5
Disponibiliza plataforma para crescimento	1	2	3	4	5

Sinergia

Alavancar competências centrais	1	2	3	4	5
Ajustar-se a nossas operações existentes e capacidades de desempenho	1	2	3	4	5
Gerar sinergia com outros serviços/produtos e negócios	1	2	3	4	5
Alavancar relacionamentos com clientes existentes	1	2	3	4	5
Construir ou dar suporte a nossa imagem de marca	1	2	3	4	5

Atratividade de mercado

Clara necessidade do mercado	1	2	3	4	5
Taxa de crescimento de mercado atrativa	1	2	3	4	5
Significativo potencial de longo prazo	1	2	3	4	5
Falta de competição intensa	1	2	3	4	5
Barreira de entrada mínima para novos produtos/serviços	1	2	3	4	5

Superioridade do novo serviço/produto

Produto de características diferenciadas	1	2	3	4	5
Benefício novo ou único para os clientes	1	2	3	4	5
Excelente proposta de valor para o cliente	1	2	3	4	5

Financeiro

Riscos financeiros aceitáveis	1	2	3	4	5
Retornos financeiros aceitáveis	1	2	3	4	5

Exequibilidade

Tecnicamente exequível	1	2	3	4	5
A área de TI pode dar suporte ao desenvolvimento e entrega do serviço/produto	1	2	3	4	5
A área de operações pode dar suporte ao desenvolvimento e entrega do serviço/produto	1	2	3	4	5
Pessoas com as habilidades requeridas estão disponíveis	1	2	3	4	5
O serviço/produto pode ser lançado aproveitando a janela da oportunidade	1	2	3	4	5

Outros

Impacto regulamentar, social e político positivo	1	2	3	4	5

Total ________

Barreira: Existe atualmente ou no horizonte futuro algum fator que possa inviabilizar o sucesso desse serviço/produto (regulamentação governamental, nova tecnologia concorrente, entre outras)?

____

____

Testes de mercado

Ao chegar a essa etapa, o produto está pronto para ser embalado e ganhar uma marca, devendo ser testado em situações próximas à realidade. O método e as possibilidades de testes de mercado são distintos para produtos destinados a empresas ou a indivíduos.

Para bens destinados a organizações produtivas, são usados os testes *alfa*, isto é, com usuários da própria empresa, e para indivíduos, o teste *beta*, com clientes potenciais selecionados e acompanhados detalhadamente pelo pessoal técnico da empresa. Esses testes são muito utilizados pela indústria de *software* para maturar seus produtos e identificar correções ou adequações finais necessárias (e, pela experiência de mercado, nem todas são corrigidas, pela pressão do tempo de lançamento).

Um segundo método utilizado em bens empresariais é o de lançamento em feiras e eventos, que possibilitam correções finais. A desvantagem desse método é que os produtos são revelados antecipadamente aos concorrentes diretos e indiretos. Sendo assim, a empresa tem de estar muito bem preparada para fazer o lançamento oficial logo após o evento, para correr menos risco.

Outra estratégia que vem sendo utilizada por empresas muito dominantes é a de antecipar o lançamento de versões, mesmo que elas não estejam prontas ou próximas de ficar prontas. Isso acaba fazendo com que o cliente postergue a compra, minimizando e retardando o assédio imediato de concorrentes menores. Essa estratégia de antecipação de testes tem sido adotada por diversas empresas, como a Microsoft, no gerenciamento de sua linha de produtos chamada Windows.

Quanto aos produtos de consumo, os principais métodos são: a pesquisa de onda de vendas, o mercado-teste simulado, o mercado--teste controlado e o mercado-teste em si.

A pesquisa de onda de vendas se aplica muito a produtos de compra repetida. O produto é oferecido a um grupo de clientes em ondas (de três a cinco vezes) e a empresa avalia sua adoção, repetição e satisfação em relação aos produtos concorrentes. Tem a vantagem de ser de rápida implementação, porém não possibilita uma análise mais detalhada como os demais métodos.

O mercado-teste simulado pode ser realizado com pequenos grupos de potenciais clientes que, após anúncios de produtos concorrentes, direta ou indiretamente incluindo aquele que está em teste, porém sem qualquer destaque, são convidados a comprar um desses produtos em um ambiente controlado, como uma loja ou *shopping*. Após a seleção, avaliam-se as compras efetuadas e o porquê das escolhas. Os que não escolhem os produtos são convidados a experimentar amostras grátis. Após algumas semanas, o teste é retomado com os mesmos clientes para avaliar suas percepções comparativas sobre o produto testado e sua satisfação de uso. Isso é feito pessoalmente ou por telefone. Tem a vantagem de ser consideravelmente rápido e não muito caro, com resultados razoavelmente precisos. Aplica-se muito bem a produtos que tenham canais de distribuição únicos ou limitados.

O mercado-teste controlado é feito em um conjunto de lojas nas localidades geográficas-alvo do teste. O produto é exposto como o seria em uma situação normal de demonstração nas lojas, sendo suas performances de vendas, propaganda e promoção monitoradas. É um intermediário entre o simulado e o mercado-teste em si, mais barato que o segundo e mais preciso que o primeiro.

O mercado-teste em si é o teste mais acurado sobre o produto, pois tem o objetivo de simular uma situação real em uma ou algumas cidades. Contempla toda a ação, desde a venda ao comércio varejista, promoção, descontos, bonificações, campanha completa de comunicação de marketing, exposição. É o mais completo e mais caro. No Brasil, cidades como Curitiba, Ribeirão Preto e Campinas são habituais para lançamentos de produtos de consumo para as classes A, B e C por propiciarem situações bastante variadas de exposição e teste. Importante frisar que o mercado-teste completo não garante o sucesso no lançamento do produto. Um exemplo recente foi o do Frutopia, da Coca-Cola. O produto é um sucesso nos EUA e também o foi nos mercados-teste no Brasil, porém seu lançamento nacional ficou muito distante de atingir os resultados esperados, e sua oferta foi descontinuada aqui.

Comercialização (*roll-out*)

Nesse momento, todas as fases do desenvolvimento devem ser postas em prática. É a etapa final do lançamento e a inicial da gestão do produto; seus impactos no portfólio serão tratados mais adiante, no capitulo 5. E, geralmente, quando ocorrem os maiores custos é quando se deve levar em consideração quando, onde, para quem e como será feita a implementação gradativa do produto.

Resumo do capítulo

Até aqui você pôde observar quantas etapas são necessárias para o processo de desenvolvimento de novos produtos. Não se trata apenas de ser alguém "criativo", com espírito "inovador" para que a empresa consiga lançar um novo produto e este ter um desempenho adequado no mercado, satisfazendo o consumidor e estimulando-o a permanecer leal ao produto e à empresa. Também outras áreas na organização estão envolvidas, como todo o planejamento financeiro voltado para o desenvolvimento do produto desde sua fase de testes até a versão definitiva.

O capítulo 4, a seguir, versará sobre outro ponto essencial: a análise do ciclo de vida de produto (CVP), as características de cada estágio e estratégias a serem adotadas em cada fase.

4
Ciclo de vida dos produtos: estágios e estratégias

O produto tem um desempenho no decorrer do tempo e apresenta fases em que é necessária, por parte da empresa, atenção ao que é preciso realizar a fim de que tenha uma boa atuação no mercado. Trata-se de um processo que ficou conhecido pela denominação ciclo de vida de produto (CVP), e em cada fase é preciso determinar as principais estratégias para garantir o sucesso.

Ciclo de vida do produto

Como vimos no capítulo 1, produto é "algo que pode ser oferecido a um mercado para apreciação, aquisição, uso ou consumo e que pode satisfazer um desejo ou necessidade", conforme a definição de Kotler e Armstrong (2014:200). Isso implica dizer que produto pode ser um bem (algo material, tangível), um serviço (imaterial, intangível). Pode ser ainda: pessoas (um candidato a cargo eletivo), lugares (por exemplo, Porto de Galinhas, em Pernambuco), eventos (o Carnaval no Rio de Janeiro), ideias (um projeto de um novo empreendimento), causas (o Greenpeace, protegendo a natureza). Ou seja, qualquer coisa que possa ser trocada por dinheiro ou outro valor qualquer, entre eles o tempo do consumidor.

Um produto resistirá "vivo" no mercado enquanto estiver atendendo às necessidades dos consumidores, sejam elas necessidades facilmente perceptíveis, como a de um tênis para fazer caminhada, ou necessidades nem tão claras, como a impressão de uma tatuagem, que, no entanto, faz com que o usuário se sinta em um grupo de referências, em um movimento, ou mantenha um estilo de vida.

Se o produto deixar de ser atraente ou cobiçado pelos compradores, deixará de ser comprado e produzido, encerrando-se, portanto, seu ciclo de vida.

Acompanhar o ciclo de vida dos produtos (CVP) é fundamental para o desenvolvimento da organização, pois em cada fase do CVP a empresa deve alterar a estratégia e o volume de investimento sobre o produto ou grupo de produtos.

O disco de vinil que nossos avós colocavam em seus gramofones e posteriormente em suas vitrolas viveu pouco mais de 70 anos, embora ainda exista uma pequena produção para nichos de mercado. No início dos anos 1970 chegou um produto substituto, a fita cassete, que reinou absoluta no mercado musical por aproximadamente 20 anos. A maioria das casas e automóveis das décadas de 1970 e 1980 era adornada por possantes toca-fitas.

Nos anos 1990, um novo produto chega ao mercado brasileiro, o *compact disc* (CD), com grande capacidade de armazenar músicas, um pequeno volume a transportar e guardar e alta qualidade sonora. Esse novo produto, hoje com pouco mais de 10 anos de vida comercial, passou a sofrer a concorrência da geração a partir do MP3, atualmente uma das possibilidades que o consumidor tem para buscar, ouvir e criar seleção musical a partir de aplicativos no celular, ou ainda, em *playlists* de portais como YouTube. A intensidade das inovações tecnológicas, muitas delas disponibilizadas eletronicamente, via internet, e a agilidade da comunicação em rede tem reduzido o tempo de vida de novos produtos.

Como se pode perceber, estudar e conhecer o ciclo de vida dos produtos é uma das condições essenciais para o sucesso de uma empresa.

O conceito de ciclo de vida dos produtos

Podemos assegurar que todos os produtos têm um ciclo de vida, que correlaciona seus históricos de vendas e os lucros gerados.

Segundo Churchill Jr. e Peter (2013:238), "o ciclo de vida do produto é um modelo dos estágios do histórico de vendas e de lucros de um produto".

Já Kotler e Armstrong (2014:326) asseveram que:

> Para dizer que um produto tem um ciclo de vida, temos que afirmar quatro pontos:
>
> - Os produtos têm uma vida limitada;
> - As vendas dos produtos atravessam estágios distintos, sendo que cada um apresenta desafios, oportunidades e problemas diferentes para o vendedor;
> - Os lucros sobem e descem em diferentes estágios do ciclo de vida do produto; e, finalmente,
> - Os produtos requerem estratégias de marketing, financeiras, de produção, de compras e de recursos humanos diferentes a cada estágio de seu ciclo de vida.

Um produto que obtém sucesso percorre, geralmente, quatro estágios ou quatro fases ao longo de sua vida ativa no mercado: introdução, crescimento, maturidade e declínio.

Antes de analisarmos os estágios do CVP, cabe destacar que nem todos os produtos cumprem todos os estágios do ciclo de vida. Na verdade, a maioria deles não chega à fase de maturidade, sucumbindo em sua trajetória por diversos motivos: inadequação mercadológica, erros de estratégia de marketing, superação por concorrentes etc. No próximo capítulo você conhecerá o modelo BCG, que analisa a carteira de produtos de uma organização.

Kotler e Keller (2012:241) destacam que

> a cada 58 ideias de novos produtos que surgem nas empresas, apenas 12 transformam-se efetivamente em projetos. Destas, cinco são descartadas na fase de análise financeira e outras quatro morrem no estágio de desenvolvimento de produto.

Ou seja, três produtos, apenas, chegam a passar por teste de mercados e um único é lançado com sucesso.

Um exemplo razoavelmente recente de fracassos foi o lançamento no Rio de Janeiro, pela Coca-Cola, do refrigerante Frutopia. Apesar de ter havido exaustivas pesquisas de mercado e de sabor, além de uma forte campanha publicitária sobre o lançamento, focada nos jovens e num sabor diferente, além de uma distribuição intensiva, inclusive das novas geladeiras para autosserviço em bares, restaurantes e lojas de conveniência, o novo produto não teve aceitação, sendo retirado do mercado poucos meses depois do seu lançamento. Por certo, isso gerou prejuízo para a empresa; mas, por outro lado, foi uma grande lição para os executivos.

Ressalte-se, aqui, que no mercado norte-americano esse produto resiste, e com razoável sucesso. Logo, um produto pode ser sucesso em determinado mercado e fracasso em outro, o que demonstra a importância de sempre se estudar o comportamento dos consumidores por segmentos de mercado.

Outro exemplo atual de produto que não está "decolando" no mercado e que por certo terá uma vida curta é o automóvel Hora, da Volkswagen. Em algum momento de seu lançamento ou na sequência da administração do produto houve um erro de análise e de decisão estratégica.

Certamente há um erro em um dos Ps do marketing. O *p*roduto (marca, qualidade, *design*, embalagem, garantia, assistência técnica) está inadequado? O *p*reço está inadequado? A *p*raça (localização, logística) está inadequada? A *promoção* (propaganda, publicidade, promoção de venda, venda pessoal) está inadequada? Você, por certo, se lembra de vidas efêmeras de alguns produtos, tais como os automóveis Pointer e Logus da Volkswagen, o 147 e o Oggi da Fiat, e outros que necessitam ser renovados e reposicionados, buscando um novo lugar no mercado, como o Gol da Volkswagen, o Ka da Ford e o Brava e o Siena da Fiat, que merecem revisões completas de todo o composto de marketing para prosseguirem em seu ciclo de vida. Lembrem-se de que há, ainda, os produtos que necessariamente têm um tempo de vida curto, como as coleções da indústria da moda.

Podemos perceber, então, que o lançamento constante de novos produtos é fator fundamental na estratégia de marketing das organizações.

Características do ciclo de vida dos produtos

Ao ser lançado, um produto já traz um custo significativo, contraído entre a geração da ideia e a colocação no mercado. Assim, antes mesmo de ser comercializado ele já contabiliza algum "prejuízo" (custo) para a organização.

A figura 7 demonstra, de forma geral, o ciclo de vida dos produtos. Destacamos que nem todos os produtos percorrem todo o ciclo; alguns passam de introdução para a morte rapidamente.

Vejamos as fases mencionadas.

- *Introdução* – Esse período representa o lançamento do produto na carteira de ofertas da empresa. Suas vendas começam lentamente, uma vez que o produto não é conhecido pelo mercado. De modo geral, o custo de produção é alto, pois a empresa ainda não adquiriu a experiência necessária

Figura 7
Ciclo de vida dos produtos

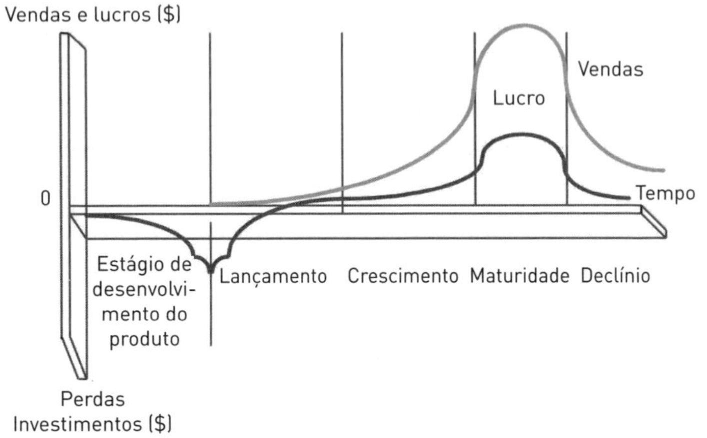

Fonte: Sandhusen (1998:62).

para reduzir os custos de produção, assim como o volume de produção/vendas não permite economias de escala. O produto recém-lançado necessita ainda de investimentos em desenvolvimento tecnológico, embalagem, distribuição e propaganda. Essa fase se caracteriza por prejuízos constantes.

- *Crescimento* – Nessa fase, há uma expansão significativa das vendas, visto que uma grande parte dos consumidores potenciais toma conhecimento da existência do produto. Aumentando o volume de vendas, surge a economia de escala e a distribuição de forma mais eficiente do novo produto. É na fase de crescimento de vendas que aparecem os primeiros concorrentes, pois a demanda do mercado aumenta rapidamente. O mercado fica mais competitivo com a entrada de um grande número de concorrentes e, com isso, cresce a necessidade de novos investimentos por parte da empresa para consolidar e aumentar a participação de mercado, o que se dá num momento difícil, pois, com o incremento de oferta, os preços caem.

- *Maturidade* – O estágio da maturidade se caracteriza por um crescimento de vendas lento e baixo. As vendas tendem a se estabilizar, tão somente acompanhando, nessa fase, o crescimento vegetativo do mercado. Estão instalados no segmento todos os concorrentes; logo, a luta por parcela de mercado implica desalojar alguma organização que já esteja instalada. Os lucros se estabilizam ou começam a declinar no final do estágio da maturidade.
- *Declínio* – Na quarta e última fase (o declínio), o produto fica obsoleto, superado por algo que o substituiu ou porque está saindo de moda. As vendas caem vertiginosamente e os lucros despencam. As empresas reduzem os investimentos em desenvolvimento, propaganda, distribuição e diminuem a oferta de diferentes modelos. Ao fim do estágio de declínio, a organização deverá decidir o momento de retirar o produto do mercado ou reposicioná-lo em outro nicho específico.

O reciclo do produto

Nem sempre todos os produtos passam por todas as fases do ciclo de vida, fazendo uma trajetória gráfica em forma de S, como na figura 8.

Alguns produtos são tão admirados pelo mercado consumidor que podem sair direto da fase de introdução para a maturidade, sem mesmo passar por um rápido estágio na fase de crescimento.

Outros produtos passam da fase de maturidade para um novo período de crescimento lento, afastando o declínio por algum tempo. Isso ocorre fundamentalmente pelo incremento de forte propaganda. Esse segundo arco é o reciclo.

Figura 8
Reciclo dos produtos

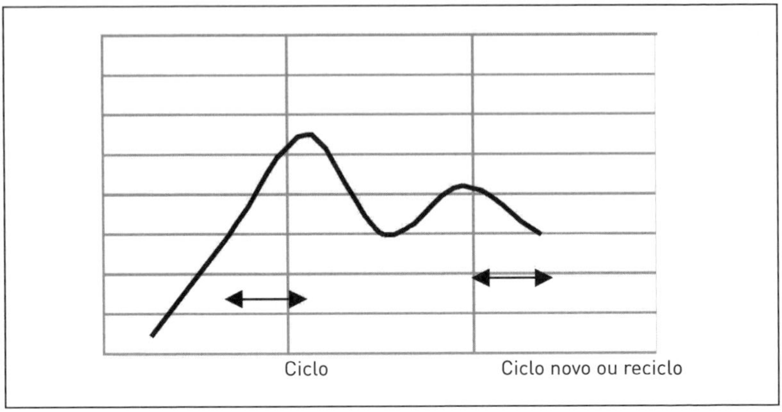

Fonte: Kotler (2010:326).

Com o crescimento do mercado de televisão no Brasil, lá pela segunda metade da década de 1960, os estudiosos de marketing, assim como os profissionais de mídia, acreditavam que o rádio estaria com seus dias contados e que, a partir do início dos anos 1970, entraria numa fase de declínio. Isso seria verdade tanto para o negócio rádio quanto, consequentemente, para o equipamento rádio.

Contrariando as expectativas da época, parece-nos que o rádio experimenta ainda sua maturidade sem dar nenhum sinal de declínio. Ao contrário, mantém um crescimento lento, possivelmente apenas vegetativo, mas está longe do declínio. Nos grandes centros urbanos, cresce de forma segmentada e segura, como meio de lazer, informações e até mesmo cultura. No interior, nas áreas rurais, continua sendo um grande elemento de integração social e encontrou novas formas de programação, incorporou a frequência modulada (FM), passou a ser companheiro de "donas de casa" em suas tarefas domésticas. Encontrou leais companheiros no trânsito urbano e as emissoras continuam tendo audiência.

Por outro lado, um negócio que apresentava crescimento contínuo no Brasil dos anos 1950 a 1970 tem experimentado significativa queda no mercado: a nossa tradicional caixa de fósforos.

Alguns fatores colaboraram para o declínio do produto, podendo-se destacar o surgimento dos isqueiros de baixo custo e grande confiabilidade, produzidos pela BIC e pela Gillette. E em uma de suas propagandas, a BIC enfatizava: "Acendo mil vezes ou mais", buscando uma comparação com a caixa de fósforos que continha 45 palitos. Outro fator importante foi o acendimento automático dos modernos fogões a gás, além de acendedores automáticos para uso nos fogões mais antigos que não disponham do recurso de acendimento automático. Uma vela de automóvel plugada no fogão e um interruptor de eletricidade fazem a chama brotar sem a necessidade do palito de fósforo.

Vemos, portanto, dois produtos novos, atuando em segmentos de marcos distintos, acelerar o declínio de um produto de grande sucesso.

Hoje, a empresa líder do segmento de palitos de fósforos continua operando, mas nos parece que se restringe a mercados distintos e pequenos: o mercado doméstico de menor poder aquisitivo e o segmento de brindes, ou seja, caixinhas de fósforos para restaurantes e hotéis, não mais em palitos de madeira e sim de papelão. Como já existem acendedores elétricos para churrasqueiras e para lareiras, cremos que esse segmento – que ainda existe para os palitos de fósforo – tende também a desaparecer.

Análise do ciclo de vida do produto

No capítulo anterior vimos que os produtos têm um ciclo de vida desde seu desenvolvimento até seu eventual desaparecimento.

Contudo, não podemos imaginar que todos os bens e serviços tenham o mesmo comportamento ao longo do tempo. Há produtos que se tornam um sucesso imediatamente após seu lançamento; há outros que demoram a ser aceitos pelos consumidores.

No que tange, especificamente, ao tempo de vida, há produtos que fazem sucesso temporariamente, enquanto outros perduram por mais tempo.

Neste capítulo, estudaremos os diversos tipos de padrões de comportamento do ciclo de vida dos produtos, bem como suas análises gráficas.

Análise gráfica do ciclo de vida de um produto

A curva do ciclo de um produto proposta por Sandhusen (1998) é a mais comum para a maioria dos produtos que cumprem o ciclo completo. Kotler (2010:326) diz que a "maioria das curvas de ciclo de vida é retratada em forma de sino", conforme está apresentado na figura 9.

Figura 9
Ciclo de vida dos produtos

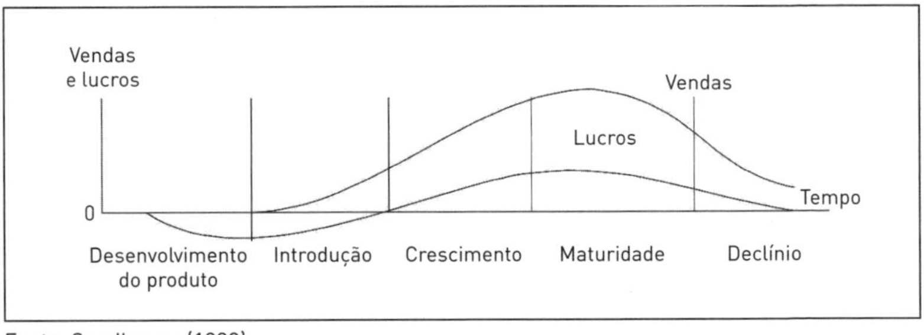

Fonte: Sandhusen (1998).

Existem, no entanto, outros formatos de curva do CVP de acordo com as variações de consumo para cada tipo de produto.

Sandhusen (1998) propôs alguns formatos adicionais para o CVP para produtos de consumo de moda. Propomos aqui, como exercício, que você desenhe intuitivamente as curvas para os seguintes produtos:

- explosivos – produtos populares, que vendem muito tempo (por exemplo, sandálias Havaianas e canetas BIC);
- modismos – produtos de rápida popularidade e rápido declínio (por exemplo, personagens e modas de novela);
- modismos estendidos – têm vendas residuais após o sucesso inicial (por exemplo, piteiras Targuard para reduzir a nicotina dos cigarros e bolsas capanga para homens);
- da moda – vendem bem durante períodos consecutivos (por exemplo, casacos de couro e sandálias Melissinha);
- nostálgicos – produtos que ganham novamente popularidade (por exemplo, lançamentos de CDs de MPB e os atuais "bailes de formatura").

Kotler e Armstrong (2014:326) identificaram outros padrões de comportamento do ciclo de vida do produto. O padrão crescimento-queda-maturidade (figura 10) é característico de pequenos eletrodomésticos de cozinha. Como exemplo marcante, temos a faca elétrica, que experimentou grande sucesso após seu lançamento e logo após caiu o até o nível de estabilização.

Figura 10

Padrão de crescimento-queda-maturidade

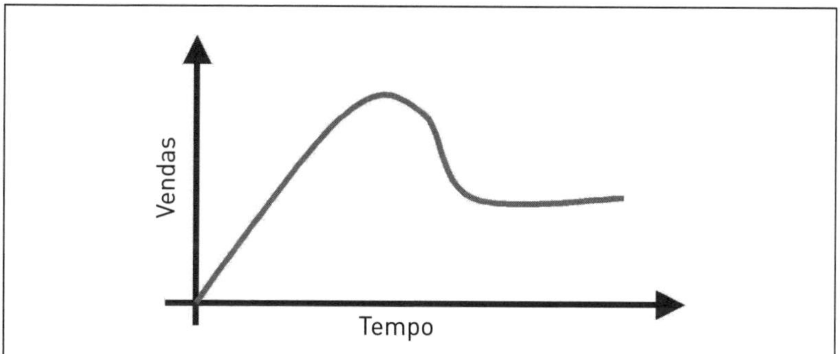

Fonte: Kotler e Armstrong (2014).

O padrão ciclo-novo ciclo (figura 11), frequentemente observado em venda de medicamentos, sofre crescimento repetido e cada vez menor sempre que a empresa faz uma campanha promocional.

Figura 11
Padrão ciclo-novo ciclo

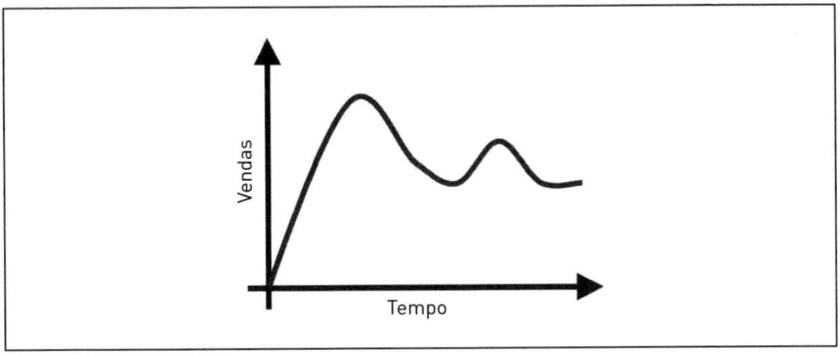

Fonte: Kotler e Armstrong (2014).

No padrão escalonado (figura 12), as vendas crescem na medida de novas características de produtos, de utilização ou usuários. O exemplo citado fala sobre o náilon e seus novos e constantes usos, como paraquedas, meias, camisas, velas de barcos, pneus.

Figura 12
Padrão escalonado

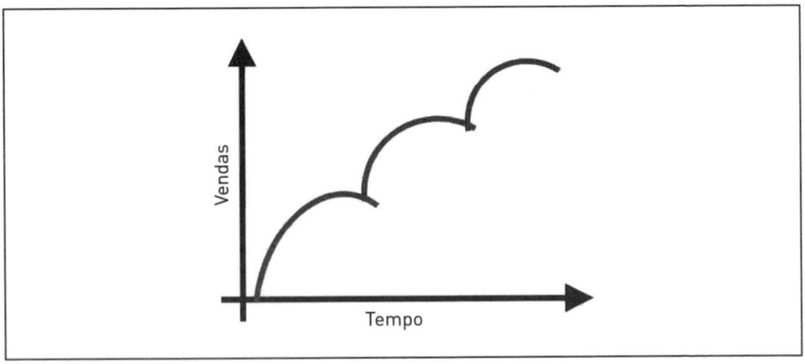

Fonte: Kotler e Armstrong (2014).

O processo de adoção

Com definem Kotler e Armstrong (2014:377), "a adoção é a decisão de uma pessoa de se tornar um usuário regular de um produto".

Muitos de nós já nos surpreendemos ao acordar pela manhã e ver na garagem de nosso prédio um carro novo do qual sequer vimos uma única propaganda. Quantas vezes tomamos conhecimento da existência de um novo produto quando este já é de uso regular de um amigo nosso de trabalho ou de escola, ou nos surpreendemos quando alguém nos conta, como se fosse uma grande novidade, que comprou seu primeiro DVD.

Nessa proposta de processo de adoção pelo consumidor, podemos identificar os grupos de consumidores que vão se interessar e utilizar o produto, assim como saber em que época do ciclo de vida do produto eles vão comprar (Kotler e Armstrong, 2014).

Existe uma relação estreita entre o ciclo de vida dos produtos e a curva de adoção de inovações, conforme você pode ver na figura 13. Com o ingresso dos adotantes inovadores se dá o início do CVP, ou seja, a introdução do produto. Os adotantes iniciais são os responsáveis pela fase de crescimento do produto. A maioria precoce e a tardia representam a maturidade do produto, incluindo aí a maturidade de crescimento, a maturidade de estabilidade e a maturidade decadente.

Uma empresa, ao lançar um novo produto, o faz na esperança de que ele se torne um grande sucesso. No entanto, como já vimos, é raro alcançar um sucesso comercial. Vimos, também, que a possibilidade de sucesso aumenta na medida em que investimentos são feitos no produto, seja em desenvolvimento tecnológico, propaganda, distribuição ou outros.

Encontrar pessoas que sejam usuárias do produto em sua fase inicial de lançamento, conseguir um grupo de pessoas dispostas a correr riscos, a experimentar e a divulgar o novo produto talvez seja uma das prioridades do gerente de produto.

Figura 13
Curva de adotantes

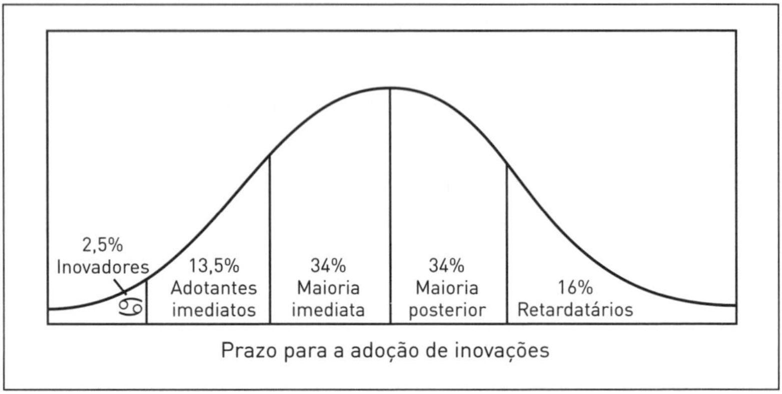

Fonte: Kotler e Armstrong (2014:379).

Rogers (citado por Kotler e Armstrong, 2014:379) define o processo de adoção de inovações como "a disseminação deu uma nova ideia, a partir de sua fonte de invenção ou criação para seus usuários finais adotantes".

A adoção é um processo dividido em cinco etapas, compreendendo:

- conscientização – o consumidor toma consciência da existência do produto;
- interesse – o consumidor potencial se sente estimulado e vai procurar informações sobre o novo produto;
- avaliação – o consumidor avalia a possibilidade, o risco e o custo de experimentar o produto;
- experimentação – o consumidor faz um teste, experimenta o produto e avalia a decisão de compra;
- adoção – o produto, se aprovado pelo consumidor, entra na sua relação de consumo regular.

Os inovadores

São os primeiros a comprar o produto – são os pioneiros. Do total de consumidores do produto ao longo do tempo, 2,5% o farão rapidamente. Esses são os inovadores. Gostam de correr riscos e se orgulham de ser os primeiros a desfrutar dos benefícios do novo produto, exibindo com prazer a novidade, quase exclusiva.

Dado o perfil de alto risco e extravagante, esses compradores não são considerados formadores de opinião, não servem como referência de consumo para a grande massa.

A empresa vendedora precisa incorporar rapidamente os inovadores em sua carteira de clientes, pois, além de propiciarem a entrada de alguma renda relativa à venda do novo produto, aliviando o caixa da empresa, são os inovadores que fazem o "contato" com o grupo seguinte, os "adotantes imediatos".

Os adotantes imediatos

Esses são os compradores que elevam o produto para a classificação de crescimento no CVP. São formadores de opinião e agentes de mudança comportamental e de consumo, sendo fundamentais para a difusão do produto.

Trata-se de pessoas respeitadas em suas comunidades e pelos grupos de referência de convívio, admiradas por seus pares profissionais em escolas e clubes de lazer; lideram as opiniões e encaminham questões a serem decididas. Geralmente são destaques sociais, intelectuais e profissionais nos grupos de que participam. Representam 13,5% do volume de vendas da organização; logo, há um grande incremento de renda na empresa, o que facilita o investimento tão necessário ao novo produto, seja em embalagens, distribuição ou novos modelos.

Os produtos que superam a fase de lançamentos são considerados as "estrelas da companhia" e merecem investimentos especiais, porém, mais que isso, trazem a reboque para a empresa o grande volume de consumidores, a maioria imediata, conforme será apresentado.

A maioria imediata

Conhecidos também como maioria inicial, esse grupo de consumidores representa o ingresso do produto em sua fase de "maturidade", constituindo 34% do total dos compradores. De modo geral são pessoas e organizações pouco dispostas a correr riscos; compram com elevado grau de cuidado e gostam de informa-se sobre as experiências de outras pessoas que já utilizaram o produto. Embora não sejam formadores de opinião, são de extrema importância para a organização vendedora, uma vez que os lucros que o produto pode gerar são experimentados na fase em que esses consumidores entram no mercado.

Com metade dos consumidores potenciais sendo atendida pela empresa, a organização já sabe o tamanho de sua participação no mercado, já estão definidos os *players* vencedores, e o lucro começa a crescer de forma significativa. Nesse momento, a empresa tem recursos suficientes para investir em novos projetos.

A maioria tardia

Esse grupo de consumidores também representa 34% do total de clientes da empresa. São pessoas e organizações que gostam de decidir com imensa cautela e são lentas em suas decisões porque céticas e resistentes a novas ideias e novos produtos. De modo geral, são conservadoras em hábitos e costumes de consumo, adquirindo algo apenas quando esse produto se torna comum a grande parte dos consumidores.

Essa fase é marcadamente boa para a empresa vendedora, pois todos os custos de desenvolvimento, pesquisas e testes do produto já foram recuperados, novos investimentos no produto não são mais necessários, havendo apenas despesas de manutenção; os principais concorrentes já são conhecidos e estão estabelecidos os segmentos de mercado de cada empresa. Logo, essa é a fase em que a empresa tem mais dinheiro para novos investimentos.

Os retardatários

Os retardatários representam 16% de todo o conjunto de compradores. De maneira geral, são pessoas e organizações que gostam de produtos tradicionais, produtos que conferem bastante conforto psicológico àquele que decide por sua compra. Fogem de novidades, pois estas trazem consigo um risco bastante acentuado para esses consumidores. Consequentemente, trazem a insegurança e a sensação de desconforto de uma decisão de compra ainda "imatura" para seus padrões de consumo.

Estratégias para o ciclo de vida dos produtos

Como vimos, todos os produtos têm um ciclo de vida. Logo, podemos afirmar que todos os produtos um dia morrerão, com maior ou menor grau de sucesso em sua passagem pelo mercado, mas, certamente, todos eles um dia serão superados por produtos de concorrentes, por substitutos ou por produtos da moda.

Assim, as organizações devem estabelecer estratégias desde o lançamento do produto até sua retirada, para assegurar ou tentar garantir alguma chance de sucesso ou aumentar a longevidade de seu produto no mercado.

Na fase de introdução, os objetivos básicos são estabelecer um mercado para o novo produto e persuadir os adotantes iniciais a comprá-lo. Basicamente, o plano de ação se resume em oferecer alta qualidade dentro do segmento, selecionar uma boa marca e obter proteção legal.

Na fase de crescimento, busca-se aumentar as vendas e o *market share*, bem como desenvolver preferência pela marca, proporcionando alta qualidade dentro do segmento e acrescentando serviços para aumentar o valor.

Na fase de maturidade, o objetivo é defender a participação de mercado e procurar atrair clientes dos concorrentes, melhorando a qualidade do produto e acrescentando recursos para distinguir e diferenciar sua marca da dos concorrentes.

Na fase de declínio, busca-se limitar os custos e descobrir maneiras de reavivar as vendas e os lucros, mantendo a promessa de alta qualidade e inovando o produto, dadas as novas condições de mercado.

Estratégias para o estágio de introdução

No estágio de introdução de um novo produto, a empresa está arcando com todos os custos associados ao seu desenvolvimento, bem como os relativos aos diversos testes, como visto anteriormente.

Nessa fase, a participação de mercado é nula ou baixíssima, e o crescimento de vendas é lento. Os gastos são extremamente elevados para assegurar alguma distribuição e propaganda. A organização, que não pode garantir ainda o sucesso de novo empreendimento, lança poucos modelos ou pouca diversidade de seu novo produto, buscando reduzir os custos diante de tantas incertezas.

Kotler e Armstrong (2014) identificaram muitas causas para o baixo crescimento de vendas, por exemplo, atrasos na expansão da capacidade de produção, problemas técnicos, atrasos na obtenção de distribuição adequada por meio de pontos de venda no varejo e relutância dos clientes em mudar o comportamento estabelecido.

Essa fase é, certamente, a mais difícil para a empresa, pois, além de vender pouco, ela tem de efetuar muitas despesas com promoção e distribuição, a fim de ver assegurada uma boa carreira para seu produto. É necessário muito dinheiro para atrair os distribuidores. Os supermercados, por exemplo, quase sempre querem que a organização invista em *folders* de vendas, compra de espaço em gôndolas, equipe interna de divulgação. Também é preciso muito dinheiro para permitir o ingresso de um novo produto em seu portfólio de vendas.

Nessa fase, a função primeira da propaganda não deve ser gerar vendas, mas sim gerar consciência, dar conhecimento aos potenciais compradores da existência do novo produto. Sua função secundária é instigar os possíveis usuários do produto a fazerem uma experimentação e, finalmente, provocar os pontos de venda no sentido de manterem em seu estoque o novo produto, ou seja, assegurar uma distribuição mínima. Logo, podemos perceber que os custos associados à propaganda serão altos e de baixo retorno.

Como o preço de lançamento tende a ser alto para recuperar os investimentos realizados o mais rapidamente possível, os grupos visados são, de forma geral, os inovadores e pessoas com maior poder aquisitivo.

Com relação aos preços na fase de lançamento, quatro movimentos estratégicos podem ser feitos: desnatamento rápido, desnatamento lento, penetração rápida e penetração lenta.

Desnatamento rápido

A empresa espera, ao longo do tempo, estabelecer um preço que seja competitivo com todos os concorrentes do mercado. No entanto, pode lançar seu produto com preço bem acima de seu objetivo final, investindo fortemente em propaganda e promoção. Isso porque o produto em questão não é facilmente copiável (requer alguma engenharia complexa), não há similar disponível no mercado; aqueles que conhecem o produto passam a desejá-lo e estão dispostos a pagar um preço alto pela inovação e pelo prazer de ter algo que a maioria ainda não possui.

Assim, a empresa inovadora pode recuperar seus investimentos mais rapidamente e posicionar seu produto como um *top line* de mercado.

Desnatamento lento

É uma estratégia recomendada quando o mercado não é tão grande ou vigoroso.

O preço de entrada do produto é alto e a empresa investirá pouco em promoção, visto que os compradores potenciais já conhecem produtos semelhantes e estão dispostos a pagar um preço mais alto para usufruir o novo produto de imediato, além do que a concorrência levará ainda algum tempo para poder lançar um produto similar.

Penetração rápida

Essa é uma estratégia para aqueles que, na fase de lançamento do produto, percebem que este é uma real novidade para o mercado; no entanto, é facilmente copiável e a concorrência será acirrada.

Sendo um mercado de grande volume, a empresa precisa consolidar sua posição de vencedora ou líder rapidamente, porém a maioria dos consumidores desse tipo de produto é sensível a preço.

Os fatores que poderão fazer diferença entre o sucesso e o fracasso do produto estão vinculados ao custo; logo, a empresa precisa ganhar escala de produção por meio de grandes volumes produzidos e pela experiência acumulada e, assim, consolidar sua posição e sua participação no mercado.

Penetração lenta

Essa estratégia é recomendada para produtos de baixo preço e com pouco investimento em promoção.

Os consumidores potenciais já conhecem o produto e são sensíveis ao preço.

Geralmente, a estratégia de penetração lenta é recomendada para mercados de grande volume e com alguma concentração de empresas concorrentes. Com preços baixos, criam-se inibições a novos concorrentes, posto que as margens não serão muito atrativas. Esse é o típico mercado de volume.

Estratégias para o estágio de crescimento

Nessa fase do ciclo de vida do produto, há uma rápida ascensão das vendas pelo ingresso dos adotantes imediatos na utilização e na recomendação do uso do produto. Dado o sucesso inicial que a organização experimenta, novos concorrentes lançam produtos semelhantes, iniciando, portanto, uma luta por participação de mercado. Havendo mais oferta, o preço do produto tende a cair.

Visando manter sua parcela de participação de mercado, a empresa deve lançar novas características do produto, bem como ampliar seu eixo de distribuição. Com o aumento expressivo de vendas (lembre-se: adotantes imediatos representam 13,5% dos compradores) ocorre naturalmente um aumento de produção, que deve gerar uma significativa redução dos custos pela curva de experiência adquirida. Assim, à medida que os custos são distribuídos de maneira mais ampla, começam a ser menos críticas as despesas com promoção, de modo que a empresa deve começar a usufruir lucros crescentes.

Verificamos um produto, no Brasil da década de 2010, que pode muito bem exemplificar essa fase: o sabonete Dove. Ao ser lançado, Dove procurou mostrar que não era apenas mais um sabonete como tradicionalmente as pessoas conheciam; era "mais que um sabonete", era um "hidratante". Desenvolveu um novo mercado, um novo produto para um novo segmento, por meio de uma nova categoria. Sua campanha promocional buscou atrair os inovadores e os adotantes imediatos, educando sobre o uso e informando sobre os benefícios da utilização do produto.

Com uma nova categoria e um posicionamento perceptível, o produto chega à fase de crescimento. É a hora, portanto, de acrescentar novas características para assegurar novos segmentos de mercado, bem como para manter o preço elevado – preço *premium*. Como exemplo, as versões lançadas pelo Dove, no final de 2003 (esfoliante, sabonete específico para o verão).

Estratégias para o estágio de maturidade

A grande maioria dos produtos normalmente comercializados encontra-se na fase da maturidade de seu ciclo de vida, sendo sua característica mais marcante a alta participação de mercado com baixa taxa de crescimento de vendas.

A fase de maturidade do ciclo de adoção pode ser subdividida em três etapas: crescimento, estabilidade e declínio.

Na maturidade de crescimento, a taxa de crescimento que o produto vinha experimentando começa a cair e não mais se incorporam novos canais de distribuição. Na etapa seguinte, maturidade de estabilidade, as vendas se fixam num patamar seguro e não crescem mais. Como o consumidor já conhece, experimentou ou já possui o produto, as novas vendas que ocorrem se dão por substituição ou por crescimento decadente; o volume de vendas começa a cair, pois os consumidores encontraram um novo produto substituto que melhor satisfaz suas necessidades.

Com a estagnação e posterior queda nas vendas, a competição torna-se extremamente acirrada. Cada concorrente busca seu espaço, seu nicho de mercado. No entanto, nem todos conseguem posicionar-se, e daí ocorre uma acentuada desistência por parte das empresas ofertantes. Muitas delas abandonam o mercado e retiram mais rapidamente o produto do catálogo de ofertas. De forma geral, as empresas que vencem essa dificuldade são aquelas que reduziram de maneira ajustada os preços, intensificaram suas campanhas publicitárias e foram agressivas em promoções para o mercado.

Esse novo ajuste nas forças de mercado, com a saída daquelas empresas que não conseguiram conquistar parcelas significativas de participação, leva a uma nova acomodação da concorrência, ou seja, as empresas que conseguiram ficar ali instaladas procuram atender a segmentos distintos umas das outras, evitando assim um novo ciclo de concorrência acirrada. Aquelas empresas que abandonaram o setor por serem mais fracas, passam a ter mais recursos e energia para se dedicar a outros produtos em outros segmentos em que se sentem mais capazes e mais fortes.

Kotler e Armstrong (2014: 333) afirmam que "a empresa pode expandir o número de pessoas que utilizam a marca de três maneiras":

- convertendo não usuários – veja a tentação que os fabricantes de cigarros procuram exercer, buscando atrair não usuários para seu produto; as propagandas de cigarro, de forma geral, destacavam o esporte, a beleza e a emoção como forma de impelir jovens não fumantes a experimentar o produto;
- entrando em novos segmentos de mercado – as empresas fabricantes de produtos de beleza passaram a incentivar o segmento de mercado masculino a cuidar da aparência de forma tão marcante quanto as mulheres sempre o fizeram;
- aliciando os clientes da concorrência – as faculdades dos grandes centros urbanos disputam acirradamente os mesmos alunos, com programas de bolsa de estudo (redução de mensalidade), tentando retirar os clientes dos concorrentes.

Kotler e Armstrong (2014:335) prosseguem dizendo que "o volume pode ser aumentado convencendo os usuários da marca a aumentar seu uso" com três outras estratégias:

- a empresa pode tentar fazer com que os clientes utilizem seu produto com mais frequência – as administradoras de cartão de crédito investem milhões em propaganda, estimulando seus clientes a realizar todas as suas compras via cartão, enfatizando a segurança e o maior controle sobre os gastos;
- a empresa pode procurar fazer com que os usuários se interessem em utilizar uma quantidade maior do produto em cada ocasião – na maioria dos rótulos de xampu, em sua instrução de uso, vem o destaque recomendado que os usuários, após enxágue, "repitam a operação". Essa é uma forma clássica de aumentar o consumo pelo mesmo usuário;
- a empresa pode descobrir novas utilizações para o produto de várias maneiras – os fabricantes das antigas furadeiras

elétricas inventaram novos dispositivos para dar novos usos aos seus produtos, e assim elas passaram a serrar, lixar, polir.

Estratégias para o estágio de declínio

O estágio de declínio caracteriza-se pelo ingresso dos adotantes retardatários, que representam 16% do total dos consumidores do produto. Nesse estágio, as vendas declinam acentuadamente, levando o produto a fixar-se em patamares bastante baixos.

São produtos com baixa participação de mercado e baixa taxa de crescimento, o que, no modelo BCG, foi denominado produto abacaxi ou cachorro "vira-lata".

Nessa fase, a grande maioria das empresas que concorriam no mercado abandona a produção e venda do produto, o que pode significar um segmento de mercado, embora pequeno, ainda atraente para as empresas remanescentes. Hoje, a Swedish Match continua vendendo caixa de fósforos com a marca Olho, certamente com volumes e lucratividade ainda atraentes para uma única empresa.

Kotler e Armstrong (2014:336) citam Harrigan Jr. como o "identificador" de cinco estratégias disponíveis para a empresa nesta fase:

- aumentar o investimento da empresa para dominar o mercado ou fortalecer sua posição competitiva;
- manter o nível de investimento da empresa até que as incertezas sobre o setor sejam resolvidas;
- diminuir o nível de investimento da empresa seletivamente, abrindo mão de grupos de clientes não lucrativos e fortalecendo os investimentos da empresa em nichos lucrativos;
- colher ("espremer") o investimento da empresa para recuperar o caixa de maneira rápida;

- desfazer-se do negócio rapidamente, disponho de seus ativos da maneira mais vantajosa possível.

Certamente, a estratégia adequada dependerá da força da empresa – comparada com a de seus concorrentes – e da atratividade do segmento.

Resumo do capítulo

Aparentemente, quando falamos de ciclo de vida de um produto, soa-nos como uma trajetória linear a ser percorrida pelo produto e de simples entendimento para as empresas e, em particular, para profissionais de marketing. Entretanto, dadas as especificidades do produto, a natureza de seu uso e o comportamento do consumidor-alvo em relação a ele, o ciclo de vida demonstra um percurso nem sempre linear em suas quatro fases: introdução, crescimento, maturidade e declínio. Pelos próprios exemplos extraídos de categorias de produtos do mercado, observamos que houve casos em que o produto rapidamente passou da introdução para a maturidade, sem chegar ao estágio do crescimento; outros que percorreram os quatro estágios e ainda há alguns que, em função de estratégias de reposicionamento ou de atualização do produto, tornam-se até centenários.

Importante também é estar atento às diferentes estratégias a serem adotadas em cada fase do produto, porque estas se ajustam às características não apenas do produto, mas de seus principais consumidores.

No capítulo 5, trataremos da abordagem referente às necessidades de investimentos no desenvolvimento e gerenciamento do portfólio de produtos, que é uma forma de garantir a eficiência de todos os produtos de determinada empresa e evitar que ocorra, por exemplo, o chamado efeito "canibalismo", isto é, situação em que dois ou mais produtos de uma mesma empresa são entendidos como iguais pelo consumidor e aí se inicia uma concorrência entre eles, o que atrapalha seu desempenho no mercado.

5
Portfólio de produtos

Neste capítulo, trataremos das principais questões presentes na criação, desenvolvimento e gerenciamento do portfólio de produtos, destacando-se como a matriz BCG (elaborada pela Boston Consulting Group) e a matriz GE se complementam para o acompanhamento dos produtos em cada fase de seu ciclo de vida.

Análise da carteira de produtos

A matriz BCG aponta para uma sequência de êxito: investir em pontos de interrogação para torná-los estrelas e, um dia, vacas leiteiras. No fim, essas vacas leiteiras irão degenerar e se transformarão em abacaxis. A figura 14 ilustra a sequência em que o dinheiro é retirado das vacas leiteiras e investido nos pontos de interrogação para transformá-los em estrelas.

Outro ciclo, o do desastre, mostra o perigo a que se sujeitam as empresas que entram muito cedo em um mercado e conseguem uma participação que não podem bancar. A estrela pode, então, decair de uma situação razoavelmente rentável para a de um ponto de interrogação deficitário e daí para um abacaxi. Não deixa de ser irônico que essa sequência resulte do imediatismo de uma empresa que não consegue perceber o valor do investimento em um mercado e tenta ordenhá-lo muito cedo. Isso explica, em parte, o fracasso da EMI com seu revolucionário tomógrafo. A empresa deixou de investir na qualidade do produto e no desenvolvimento tecnológico, e por isso perdeu sua liderança inicial para grandes concorrentes atraídos pelo mercado. Um dos concorrentes iniciais, a GE, acabou comprando a subsidiária problemática da EMI.

Outro desastre pode ocorrer se, no desejo de auferir os lucros, uma vaca leiteira é ordenhada em excesso, tornando-se, assim, vulnerável à concorrência. A indústria de brinquedos no Brasil cometeu esse pecado ao tornar-se por demais complacente com o mercado mundial de brinquedos, principalmente o de eletrônicos, que era então por ela dominado. A indústria pagou caro por sua falta de investimento em novos desenvolvimentos e tecnologia de produção.

Estratégias baseadas na matriz BCG

Como vimos, as empresas necessitam verificar o impacto no fluxo de caixa ao posicionar seus produtos dentro da matriz. Analisando a matriz BCG (figura 14), podemos concluir que:

- as margens de lucro e fluxo de caixa positivo crescem na proporção da participação relativa de mercado;
- o crescimento das vendas exige injeção de recursos para financiar a ampliação da capacidade instalada e a maior capacidade de capital de giro; assim, se o *market share* é apenas conservado, as exigências de novos recursos crescem em razão do aumento vegetativo do mercado;
- além das necessidades de recursos mencionadas, para acompanhar o crescimento vegetativo, aumentos em nosso *market share* irão também exigir novos recursos para custear uma

propaganda mais intensa, ou para descontos e promoções, além de outras táticas destinadas a aumentar o *market share*; por outro lado, uma redução em nosso *market share* pode liberar recursos financeiros até então disponibilizados;

- o índice de crescimento em um dado mercado irá reduzir-se inevitavelmente à medida que o produto se aproxime de sua maturidade; mesmo sem a perda de *market share*, os recursos de caixa liberados por um crescimento mais lento poderão ser reinvestidos em outros produtos que estão ainda crescendo. Nesse contexto, observamos a figura 14, pois a transferência de recursos dos produtos maduros para os mais jovens e promissores constitui a essência das estratégias baseadas no portfólio.

Figura 14

Matriz BCG e transferência de recursos

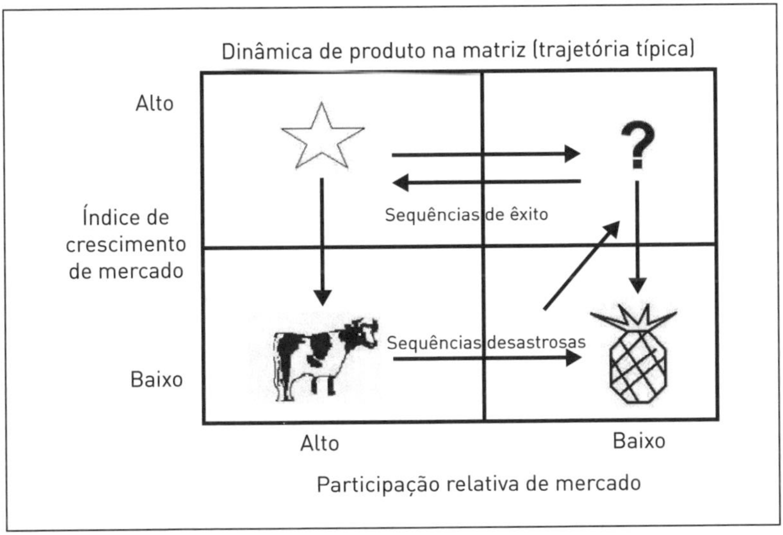

Fonte: Gracioso (2007:67).

Atividade de mercado: abordagem GE-McKinsey

Buscando entender seu próprio portfólio, a GE concebeu uma matriz capaz de mostrar os pontos fortes do negócio e a atratividade do mercado por meio de múltiplas dimensões. Essa matriz integra as variáveis "atratividade de mercado" e "posição do negócio", construídas a partir de um julgamento dos executivos da empresa, que fazem uma ponderação de vários fatores distintos.

O exemplo da figura 15 apresenta um caso típico. A matriz GE de atratividade do mercado e posição do negócio leva em consideração os conjuntos de fatores que parecem influenciar a atratividade relativa de investimento em um negócio. Nesse contexto, "negócio" poderia ser definido como um produto, uma linha de produtos, um segmento de mercado, uma unidade de negócio ou até mesmo uma divisão.

Figura 15
Matriz GE

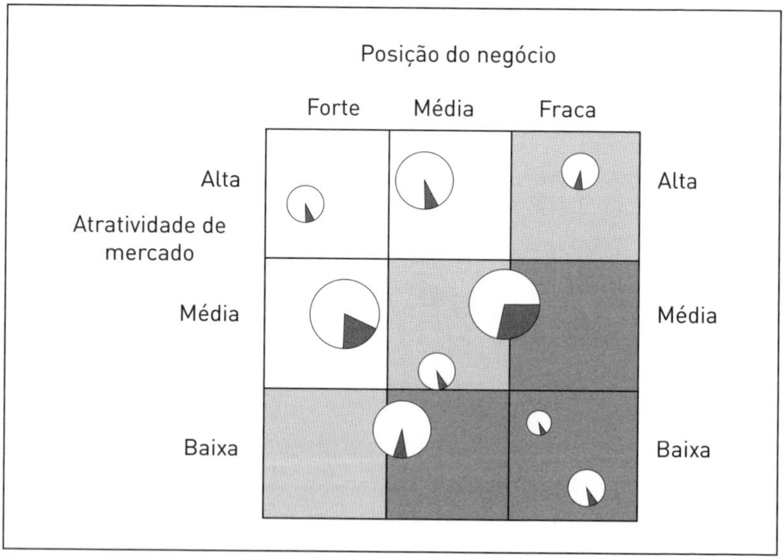

Fonte: Hooley, Saunders e Piercy (2010).

O primeiro conjunto de fatores leva em conta os aspectos favoráveis do mercado em que o negócio está localizado.

O segundo conjunto analisa os critérios de acordo com os quais a posição do negócio ou da empresa em um mercado é considerada fraca ou forte.

Todos esses critérios são utilizados para avaliar, por meio de pontuação, a atratividade do mercado e a posição do negócio. Geralmente, a pontuação é lotada em uma matriz tridimensional que mostra a oportunidade relativa de investimento para um negócio.

Assim, tal como ocorre na análise de portfólio, a unidade de negócio é representada na figura 15 por um círculo cujo diâmetro da área corresponde ao volume de vendas do negócio. Algumas vezes, o tamanho do círculo representa o tamanho do mercado e não o porte do negócio da empresa. Partes do círculo são sombreadas para representar a participação absoluta do negócio no mercado.

Identificação de fatores

Vamos ver agora como as empresas identificam esses fatores.

Cada empresa precisa elaborar sua lista de fatores que tornam um mercado atrativo ou a posição de um negócio "forte" em um dado mercado.

A experiência ensina que os fatores listados no quadro 2 estão entre os mais importantes.

A importância de cada fator depende basicamente da natureza do produto, do comportamento do consumidor, da própria empresa e do ramo em que ele opera. Para os produtos *commodities*, por exemplo, custos, baixos de produção e barreiras de entrada no mercado podem colaborar decisivamente para a posição do negócio e para a atratividade do setor, respectivamente.

Quadro 2
Fatores que contribuem para a atratividade do mercado e para a posição do negócio

Fatores	Atividade do mercado	Situação/posição do negócio
Do mercado	Tamanho (em valor monetário, unidades físicas ou ambos)	Sua participação (em valores equivalentes)
	Tamanho dos segmentos principais	Sua participação nos segmentos principais
	Taxa de crescimento por ano: • total • dos segmentos	Taxa de crescimento anual • total • dos segmentos
	Diversificação do mercado	Diversidade da sua participação
	Sensibilidade a preço, características de assistência técnica e fatores externos	Sua influência no mercado
	Ciclicidade	Picos e vales nas suas vendas
	Sazonalidade	
	Poder de barganha dos fornecedores	Poder de barganha dos seus fornecedores
	Poder de barganha dos clientes	Poder de barganha dos seus clientes
Da concorrência	Tipos de concorrentes	Onde você se encaixa, como você se compara em termos de produto e capacidade de marketing
		Serviços, capacidade de produção, solidez financeira, administração
	Grau de concentração	
	Mudanças de tipo e de *mix*	
	Entradas e saídas	Segmentos em que você entrou ou saiu
	Mudanças de participação	Sua variação de participação relativa
	Substituição por nova tecnologia	Sua vulnerabilidade a novas tecnologias
	Graus e tipos de integração	Seu próprio nível de integração
Financeiros e econômicos	Margens de contribuição	Suas margens
	Fatores de alavacangem, tais como economias de escala e experiência	Sua escala e experiência
	Barreiras para a entrada ou saída (tanto financeiras quanto não financeiras)	Barreiras para sua entrada ou saída (tanto financeiras quanto não financeiras)
	Utilização da capacidade	Sua taxa de utilização da capacidade

Fatores	Atividade do mercado	Situação/posição do negócio
Tecnológicos	Maturidade e volatilidade	Sua capacidade de enfrentar a mudança
	Complexidade	Tipos das suas aptidões tecnológicas
	Diferenciação	Profundidade das habilidades
	Patentes e *copyrights*	Sua proteção de patentes
	Tecnologia de processos de manufatura necessária	Sua tecnologia de manufatura
Sociopolíticos no meio ambiente	Atitudes e tendências sociais	Correspondência e flexibilidade da sua empresa
	Legislação e regulamentos de agências governamentais	Capacidade de enfrentamento da sua empresa
	Influência de grupos de pressão e representantes do governo	Agressividade da sua empresa
	Fatores humanos, tais como sindicalização e aceitação pela comunidade	Relacionamentos da sua empresa

Fonte: Hooley, Saunders e Piercy (2010).

No caso de produtos mais diferenciados, como instrumentos de medição e de precisão, ferramentas de máquinas operacionais e assim por diante, o cliente busca inovações técnicas, precisão ou outros benefícios. O *status* tecnológico relativo pode ser um fator básico de contribuição para a posição do negócio. Um fator que pode ser fundamental para determinar a atratividade do mercado consiste na adoção, em primeira mão, de novos processos ou tecnologias cujas patentes estejam sob proteção.

A identificação dos fatores pertinentes exige um exame detalhado dos clientes, dos concorrentes, das características de mercado, do ambiente externo e da própria organização. Ela também se apoia na capacidade de julgamento, experiência e em uma percepção das limitações da técnica.

Pontuação dos fatores

Após identificar os fatores em questão, o analista precisa sintetizá-los em medidas que representem a atratividade do mercado e a posição do negócio. Isso se faz, geralmente, pela atribuição de pontos a cada fator (0,0 = baixo; 0,5 = médio; 1,0 = alto), bem como de pesos, dependendo de sua importância relativa. Finalizando, a pontuação e o peso de cada fator são multiplicados para obtenção do valor ou da posição do fator em relação a duas variáveis: atratividade do mercado e posição do negócio.

O quadro 3 fornece um exemplo hipotético do esquema. A soma dos valores totais de cada variável seria então usada para marcar a localização do negócio analisado por meio da matriz. Os pontos e os pesos são uma questão de critério e experiência gerencial, mas, na prática, os pesos têm muito menos impacto no resultado final do que seria de se esperar.

Quadro 3
Atratividade do mercado

Fator	Pontuação	Peso	Pontuação
1. Tamanho do mercado	0,5	15	7,5
2. Crescimento do volume (unidades)	0	15	0
3. Concentração	1,0	30	30,0
4. Financeiro	0,5	25	12,5
5. Tecnologia	0,5	15	7,5
		100	57,5

Fonte: Hooley, Saunders e Piercy (2010).

Implicações para a estratégia de marketing

O modelo GE usa o retorno sobre o investimento (ROI) como critério para avaliar uma oportunidade de investimento (compare esse critério com o de fluxo de caixa usado na análise de crescimento/participação do Boston Consulting Group).

Um negócio localizado na parte superior esquerda da matriz, em que há uma grande atratividade geral, indicaria um negócio que apresenta uma boa oportunidade de investimento: o negócio apresenta um alto ROI.

O modelo GE tem aplicações muito úteis para a elaboração da estratégia de marketing. O gerente de produto pode usá-lo para planejar em três estágios, conforme retratado no quadro 4.

- pode ser usado para classificar a oportunidade atual que se oferece ao negócio, considerando a estratégia empresarial, as características do setor e a estrutura competitiva atual;
- pode ser realizada uma análise do ambiente de mercado e posição futuros, pressupondo que não seriam feitas grandes mudanças de estratégia;
- o último processo pode ser repetitivo por diversas vezes, explorando várias opções estratégicas. Podem ser feitas pressuposições diferentes em relação aos objetivos e investimentos a serem introduzidos no negócio a cada vez que o processo for repetido.

Quadro 4

Estágios de preparação para elaboração da matriz GE

Fator	Pontuação	Peso	Pontuação
1. Tecnologia do produto			
• Qualidade atual	0	20	0
• Tecnologia nova	0,5	20	10
2. Manufatura			
• Escala	0,5	10	5
• Eficiência	0,5	10	5
• Distribuição física	0,5	10	5
3. Marketing			
• Aptidão	0	10	0
• Vendas	0,5	10	5
• Serviços	0,5	10	5
		100	35

Fonte: Hooley, Saunders e Piercy (2010).

A escolha final da estratégia exige uma estimativa dos custos e benefícios de longo prazo.

Também devem ser feitas considerações sobre a relação da concorrência a qualquer mudança estratégica. Existem várias opções estratégicas possíveis para as mudanças na posição do negócio. Veja, a seguir, quais são.

- Investir para manter ou defender a posição de negócio atual. O investimento precisa ser em volume suficiente para acompanhar as mudanças de mercado. Essa opção pode ser adequada a um mercado de atratividade em declínio.
- Investir para melhorar a posição do negócio no mercado. Essa estratégia exige um investimento em volume suficiente para aumentar a participação de mercado e, consequentemente, fortalecer o negócio. Acontece, geralmente, na etapa inicial do desenvolvimento ou na fase de crescimento do mercado.
- Selecionar. Estratégia que busca o fortalecimento da posição em segmentos em que os benefícios do aumento da participação ou de sua reconquista superam os custos: transformar, por exemplo, crianças-problema em estrelas ou deixar que elas se tornem bichinhos de estimação.
- Fazer um investimento pequeno ou promover a colheita do negócio. Essa opção geralmente é adotada ao longo de um intervalo de tempo. Geralmente, o negócio recebe um investimento seletivo em curto prazo e é ordenhado quando o preço é adequado. Essa estratégia pode ser recomendável para negócios com posições fortes em mercados em declínio, por exemplo, as vacas leiteiras.

Há outras opções estratégicas, tais como investir pesadamente para entrar em novos mercados, sair ou ainda parar de investir em um mercado porque o negócio não apresenta nenhuma visibilidade.

Contudo, a matriz BCG é o método mais atraente de todos. Ele cativa por sua simplicidade e apresenta algumas comprovações moderadas que dão crédito às ideias que a embasam. É fácil de ser usada, embora possa haver alguma dificuldade para determinar as unidades de negócios em questão. As implicações estratégicas da matriz BCG são muito importantes, embora a ferramenta em si seja muito simples. Fica clara a importância de a empresa procurar os ganha-pães de amanhã enquanto se beneficia dos ganha-pães de hoje. A simplicidade e a facilidade de entendimento da matriz BCG a tornam uma ferramenta operacional muito útil, desde que mantidas em mente suas limitações.

Matrizes multifatoriais, como a matriz GE, admitem a necessidade de se fazer uma análise ampla dos pontos fortes do negócio e da atratividade do mercado. O perigo de sua aplicação é que há uma tendência, no que tange a notas e pesos atribuídos, de levarem todas as unidades investigadas para a parte central ou média da área de atratividade. A comprovação teórica e empírica é baixa, mas a mensagem é simples, e as empresas devem certamente considerar os investimentos de forma muito cuidadosa, em mercados de atratividade geral baixa ou média.

Gerenciamento da carteira de produtos

O gerenciamento da carteira de produtos é uma das atividades mais relevantes do profissional de marketing. É necessário um conhecimento profundo dos atributos e benefícios de cada produto da linha, volumes de venda e lucratividade dessas linhas, e clareza das necessidades cobertas (e não cobertas!) e para quais segmentos de consumidores. Podemos dizer que o gerenciamento da carteira de produtos para um conjunto balanceado deve ser sistêmico e estruturado, ou seja, feito de forma contínua, com o uso de ferramentas objetivas para a construção de um portfólio condizente com as aspirações estratégicas da empresa. Essa conexão entre gerenciamento de produto e estratégia de marketing passa por decisões que devem ser tomadas com o alto escalão das corporações.

Implicações para a estratégia de portfólio

As principais consequências da visão estratégica de marketing para o gerenciamento da carteira de produto são a categorização da linha de produtos e a definição do *gap* a ser corrigido. Segundo Kotler e Keller (2012), essas correções podem vir no formato de ampliação da linha de produtos, do complemento de linha ou ainda pela modernização ou promoção da linha. Para os autores, a ampliação da linha ocorre quando a empresa estende sua linha de produtos para posições com preços mais baixos ou mais altos do que o atual (p. 360). Já o complemento de linha se dá quando a empresa agrega produtos na mesma posição competitiva de preços que ela já possui, preenchendo lacunas que poderiam ser constituídas por clientes ainda não atendidos ou mesmo ser ocupadas por concorrentes (p. 362). Finalmente, os autores esclarecem que a modernização de linha se dá por incrementos constantes nos produtos da empresa (como no caso da Microsoft, com seus *softwares*), e a promoção de itens específicos se dá quando é necessário focar em determinados itens por questões estratégicas, como os itens que têm baixa demanda e são produzidos em uma fábrica que tem produção ociosa (p. 363).

Dessa forma, ao conjugar elementos de direcionamento estratégico com o de gerenciamento de produto, os gestores conseguem planejar a oferta de produtos nos diferentes mercados que se propõe a atender.

Resumo do capítulo

Vimos no decorrer deste capítulo os principais aspectos que envolvem a criação, desenvolvimento e, principalmente, gerenciamento do portfólio de produtos das empresas. Salientamos todo o detalhamento da matriz BCG, cuja importância e significado vai muito além de quadrantes identificados pelos elementos simbólicos do ponto de interrogação, estrela, vaca leiteira e abacaxi ou cachorro "vira-lata". Além do conjunto de estratégias para cada quadrante, há a relação de investimentos necessários em cada fase, o que se torna uma prerrogativa para a empresa determinada em manter seu produto competitivo no mercado. De maneira similar, observamos como a matriz GE complementa a matriz BCG, em especial na estruturação e ampliação da empresa a partir de seu portfólio de produtos.

O capítulo 6 versará sobre marcas, em particular o gerenciamento do valor da marca, conhecido pela expressão em língua inglesa *brand equity*. Analisa-se, no decorrer do capítulo, como a marca adquire um valor não apenas para o consumidor, mas também para a empresa, como um de seus ativos financeiros.

6
Estratégias de marcas

Este capítulo apresenta os principais aspectos que norteiam as estratégias de marcas, elaboradas a partir das características do produto, do mercado-alvo e dos elementos para reforçar a lembrança das marcas. Também destaca-se o papel do *brand equity* como construção de valor.

Produto e as estratégias de marcas

Marcas são entidades complexas, que permeiam nossa vida e que constroem valor de maneira ímpar. Tal complexidade é percebida tanto na representatividade dos valores intangíveis atribuídos a uma marca quanto na amplitude de atenção que o tema marca recebe, tanto no ambiente corporativo quanto no ambiente acadêmico. Um dos desdobramentos dessa complexidade é a dificuldade de se definir o que é uma marca. De tão complexo, o conceito é mais trabalhado pelo seu efeito (o que uma marca é capaz de fazer) do que pela sua definição. Analisando-se diversos esforços para a definição de marca (Burnett apud Cohen, 2011), observa-se o foco nas implicações do uso de uma marca, desde “qualquer coisa que deixe uma imagem mental da identidade da marca”, atribuída a Leo Burnett, passando por Godin (apud Aaaker, 1998:23):

> Uma marca é o conjunto de expectativas, memórias, histórias e relacionamentos que, em conjunto, são responsáveis pela decisão do consumidor de escolher um produto ou serviço em detrimento a outro. Se o consumidor (seja um comprador, um eleitor ou um doador) não aceita pagar um valor mais caro, não aceita fazer uma escolha pela marca ou não aceita fazer um boca a boca positivo, então não existe um valor de marca para esse consumidor,

até a definição dada por David Ogilvy (apud Cohen, 2011): "A soma intangível dos atributos de um produto: seu nome, embalagem e preço, sua história, sua reputação e a forma como é anunciada".

Percebe-se o foco em consequências de se usar uma marca, não no que *é* uma marca.

Nesse sentido, Conejo e Wooliscroft (2015) definem marca, baseados em uma visão de sistema semiótico de marketing, como um *continum* multidimensional de significados, independência, cocriação e escopo. Esse significado tem a representação literal da palavra. Independência se refere ao distanciamento que uma marca tem de um único segmento ou produto. O varejista *online* Amazon, ao comprar as lojas físicas da cadeia WholeFoods, responsável por popularizar o acesso a produtos naturais e orgânicos, aumenta seu grau de independência.

Valor de marca (*brand equity*)

David Aaker (1998:16) apresenta o conceito de *brand equity* como

> um conjunto de ativos e passivos ligados a uma marca, seu nome e seu símbolo, que se somam ou se subtraem do valor proporcionado por um produto ou serviço para uma empresa e/ou para os consumidores dela.

Na sequência, Aaker afirma que, para que esse processo ocorra, todos os ativos e passivos precisam estar ligados ao nome e/ou símbolo da marca, além de destacar que esses ativos e passivos se reúnem nas seguintes categorias:

a) lealdade à marca;
b) conhecimento do nome;
c) qualidade percebida;
d) associações à marca em acréscimo à percepção de qualidade;
e) outros ativos do proprietário da marca como: patentes, *trademarks*, relações com os canais de distribuição etc.

A figura 16 refere-se à disposição dessas cinco categorias, além de destacar a construção de valor tanto para o consumidor quanto para a empresa.

Em relação ao cliente ou consumidor, as marcas proporcionam um meio para que ele possa compreender, assimilar e estabelecer comparações entre as informações que obtém de produtos e marcas de diferentes empresas. A marca torna-se um meio pelo qual o consumidor se sente mais confortável ao tomar a decisão de compra a partir da experiência anterior de consumo ou utilização, a qual lhe deu uma percepção favorável sobre o produto consumido. Além disso, as diversas associações decorrentes da marca podem aumentar a satisfação do consumidor, tanto que, a partir do momento em que a empresa passa a oferecer uma linha de produtos sob uma marca já bem posicionada no mercado, a chance de o consumidor querer experimentar esses novos produtos aumenta, uma vez que ele já tem uma opinião formada sobre a marca.

No âmbito da empresa, a marca é importante porque é possível aumentar a satisfação e a lealdade de seus consumidores. Por exemplo, a marca Omo é percebida em sua eficiência e tradição na categoria de sabão em pó por décadas e décadas de gerações de

Figura 16
Brand equity

Fonte: Aaker (1998:18).

consumidores em diferentes partes do mundo. Quando a Unilever decidiu ampliar a linha de produtos utilizando a marca Omo (mais opções de fragrâncias e fórmulas na versão em pó, opções de embalagem e versão líquida do produto), o consumidor sentiu-se confiante em experimentar outros produtos com a marca Omo, pela confiança que já tem na marca.

Aaker (1998:17) ressalta que "existe uma inter-relação similar entre as outras dimensões do *brand equity*". Por exemplo, a qualidade percebida pode ser influenciada pelo conhecimento da marca com boa exposição, é mais fácil de ser bem construída por associações (um porta-voz visível somente endossaria um produto de qualidade) e por lealdade (um consumidor leal não aceitaria um produto fraco).

Passemos agora a analisar as cinco categorias presentes que envolvem *brand equity:*

- *lealdade à marca* – o processo de conquista de novos consumidores é muito mais difícil e oneroso para a empresa do que procurar manter os existentes, especialmente se estes últimos se mostram muito satisfeitos com a marca. A lealdade dos consumidores torna a empresa menos vulnerável à ação de concorrentes;
- *conhecimento do nome da marca e de seus símbolos* – uma vez que alguém adquiriu um produto de uma determinada marca e ficou satisfeito com ele, tende a manter o hábito de compra porque passa a associar essa marca como uma referência em qualidade e desempenho, demonstrando, dessa forma, a confiança no produto e, consequentemente, na empresa.
- *qualidade percebida* – conforme já indicado no item anterior, uma marca leva consigo uma percepção de indicador de qualidade sem que o usuário tenha profundidade em conhecimentos de suas especificações. A qualidade percebida influencia diretamente as decisões de compra e, em situações nas quais a marca se torna bastante conhecida, tal fenômeno pode servir de estímulo para que a empresa tome-a por base em uma estratégia de extensão de marca;
- *associações à marca em acréscimo à qualidade percebida* – tais associações estão relacionadas a contexto de uso, ou seja, estilos de vida ou personalidade podem mudar a experiência de uso, conforme sinalizado por Aaker (1998). Por exemplo, indivíduos que se tornam leais à marca Harley-Davidson são consumidores que não desejam apenas uma motocicleta, mas incorporam todo um estilo de vida associado a essa marca

(espírito aventureiro, desbravador, sentimento de liberdade etc.);

- *outros ativos do proprietário da marca* – quando, efetivamente, a marca se torna referência em qualidade para os consumidores e assume tal posição no mercado, a ponto de os consumidores mostrarem um grau muito elevado de lealdade a ela, os ativos dessa marca tornam-se cada vez mais valiosos. Como exemplo, pode-se mencionar a trajetória da marca Nike no mundo dos esportes.

A partir dessas questões, nota-se que a lealdade do consumidor é indicador para o crescimento de uma percepção elevada de qualidade do produto. A figura 17 apresenta a pirâmide de lealdade à marca, com diferentes níveis, e em cada um deles há um desafio a ser enfrentado pelos profissionais de marketing.

Figura 17
Pirâmide de lealdade à marca

Fonte: Aaker (1998:41).

Conforme se observa na figura 17, o nível inferior da lealdade refere-se ao consumidor que não é leal à marca e, mais do que isso, é totalmente indiferente a marcas de um modo geral. Isso demonstra que esse tipo de consumidor está mais interessado em obtenção do produto pelo preço aplicado do que propriamente na comparação de marcas pelo desempenho e percepção de qualidade.

Já o segundo nível indica consumidores satisfeitos com a marca, compreendidos como consumidores habituais do produto.

Satisfação do consumidor também está presente no terceiro nível, porém há receios quanto a custos de mudança, tempo, dinheiro e desempenho relacionados à marca.

O quarto e o quinto níveis demonstram situações em que o consumidor está muito satisfeito com a marca. No quarto nível, notamos aqueles que gostam da marca e a associam a um grande número de experiências de uso com alta qualidade percebida.

O quinto e último nível da pirâmide, encontrado no topo, diz respeito aos consumidores comprometidos, ou seja, aqueles que expressam orgulho pela marca e estimulam pessoas de seu convívio a experimentarem ou a adquirirem o produto. Como exemplo, poderíamos mencionar os consumidores comprometidos com a Apple e usuários de toda a linha de produtos: iPhone, McPro, iPad etc.

Como vimos até aqui, as marcas são importantes não apenas para os consumidores, mas para as empresas também. O quadro 5 apresenta um conjunto de circunstâncias em que as marcas se tornam importantes tanto para consumidores quanto para as empresas que as detêm.

Kotler e Keller (2012:259) apresentam o conceito de *branding* como uma maneira de "dotar produtos e serviços com o poder de uma marca". Ressaltam ainda que os profissionais de marketing precisam criar meios para "ensinar" os consumidores sobre o produto, e para isso recorrem a elementos de marca para gerar a identificação.

Quadro 5
Papéis que as marcas desempenham para consumidores e empresas

Consumidores	Empresas
Identificação da origem do produto.	Identificação para simplificar o rastreamento.
Atribuição de responsabilidade ao fabricante.	Proteção legal para aspectos exclusivos.
Redução de riscos.	Indicativo de qualidade para os consumidores.
Simplificação do custo de busca.	Meio para criar associações exclusivas.
Vínculo com o fabricante do produto.	Fonte de vantagem competitiva.
Elementos simbólicos.	Associações exclusivas.
Indicativo de qualidade.	Ativo para retornos financeiros.

Fonte: adaptado de Kotler e Keller (2012:258).

Além disso, para que as estratégias de *branding* tenham sucesso, é essencial que os consumidores se convençam de que há diferenças significativas entre as marcas disponíveis de uma determinada categoria de produtos.

Modelos de *brand equity*

Em relação ao *brand equity*, Kotler e Keller (2012) mencionam que há um efeito especial quando o conhecimento de uma determinada marca pelo consumidor gera uma resposta ao marketing.

Algumas empresas desenvolveram perspectivas para o modelo com os princípios básicos de *branding*. A agência de propaganda Young and Rubicam (Y&R) criou um modelo chamado *brand asset valuator*, que poderia ser traduzido como avaliador de ativo de marca. A partir de uma pesquisa com aproximadamente 800 mil consumidores em 51 países, o *brand asset valuator* (BAV) oferece comparações de *brand equity* entre diversas marcas, conforme se observa na figura 18.

Figura 18
O universo do desempenho da marca

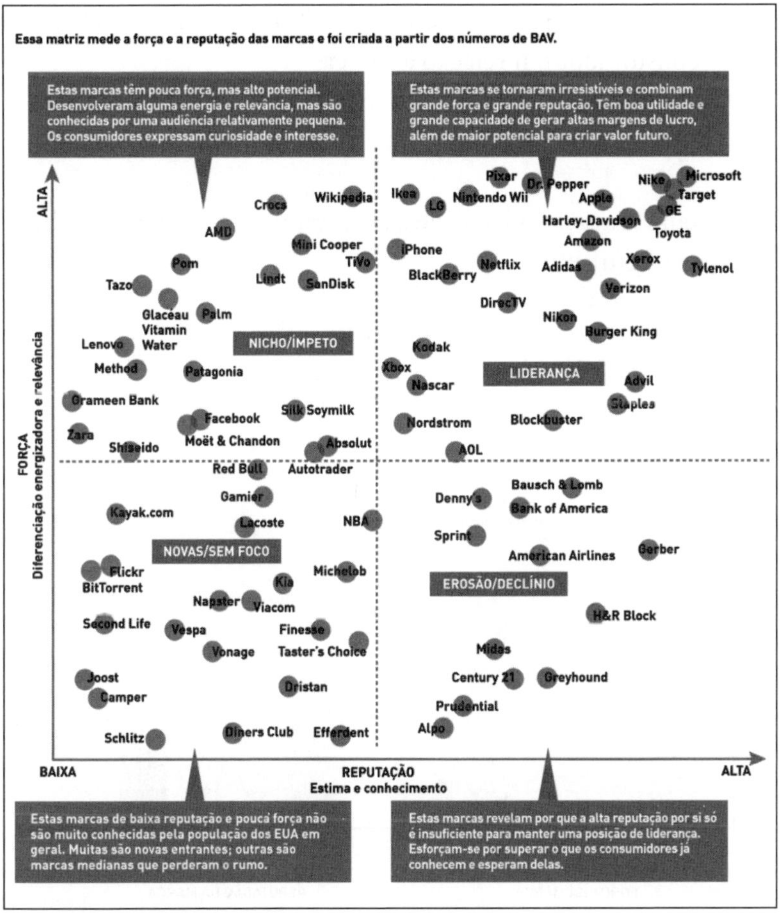

Fonte: Kotler e Keller (2012:263).

Os quatro componentes essenciais do modelo do BAV são:

- *diferenciação potencial* – mensuração sobre o grau em que uma marca é vista como diferente de outras e percepção de sua tendência de valorização pelo consumidor;

- *relevância* – componente que mede a adequação e amplitude do apelo de determinada marca;
- *estima* – refere-se às percepções de qualidade e lealdade do consumidor em relação à marca;
- *conhecimento*: o quanto de informações o consumidor tem sobre a marca.

A representação visual desses componentes-chave do BAV consta na figura 19.

Figura 19
Modelo de *brand asset valuator*

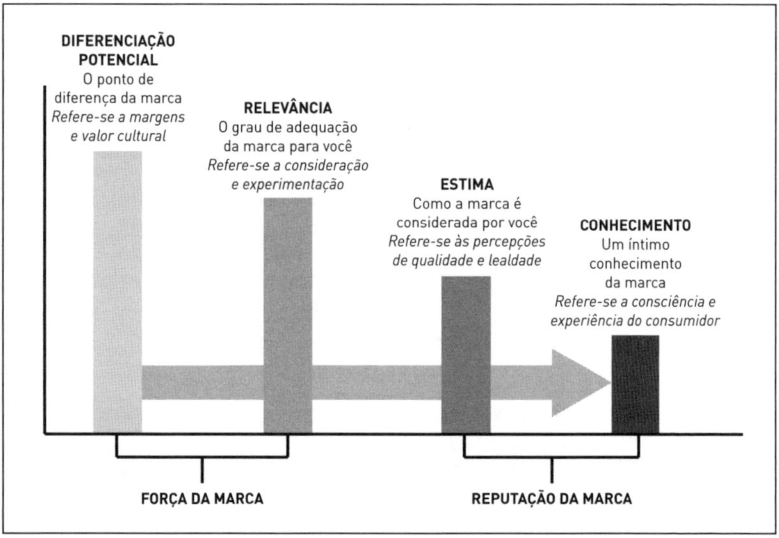

Fonte: Kotler e Keller (2012:262).

Escolha dos elementos de marca

Kotler e Keller (2012:266) definem elementos de marca como recursos que "podem ser registrados e servem para identificar e diferenciar a marca." Os autores salientam que é preciso determinar critérios para a escolha dos elementos da marca como elementos:

- *de fácil memorização* – interessante recorrer a nomes curtos, como Omo, Ypê e Veja;
- *significativos* – o elemento da marca precisa indicar o significado do produto em ação. É o caso de Bom Ar, amaciante Confort;
- *cativantes* – um meio para conseguir isso com nomes de marca é deixá-los de maneira bem-humorada ou que sugira um apelo, como YouTube (algo que poderia ser entendido como você no "tubo", na sintonia);
- *transferíveis* – é importante pensar em elementos de marca que possam ser transferíveis na extensão de linha ou extensão de marca. A marca Dove, nos sabonetes, ressaltava a limpeza da pele e hidratação. A ênfase na hidratação favoreceu a criação de uma ampla linha de produtos com a marca Dove, como xampus, condicionadores, cremes hidratantes etc.
- *adaptáveis* – o próprio logotipo da marca Omo sofreu diversas alterações no decorrer das décadas, mas o consumidor sente que foram poucas vezes que isso aconteceu;
- *protegidos* – o elemento da marca pode ser protegido legalmente? Percebam a importância de os profissionais de marketing interagirem com seus colegas advogados, pois, é fundamental que atentemos para as leis que regulam e garantem exclusividade de fontes, pantones (escala de cor usada por várias indústrias, sobretudo a gráfica, em que cada cor se encontra identificada por uma combinação de números com letras). Por exemplo, aquele tom de verde nas embalagens da linha de produtos Activia é de uso exclusivo da Danone, detentora da marca.

Resumo do capítulo

Neste capítulo tratamos de questões que circundam as marcas e do porquê de sua importância para consumidores e empresas que as detêm. Também ressaltamos o papel do *branding* (marcas) e *brand equity* (valor da marca) como processos gerenciais que as empresas adotam, a fim de garantir o bom desempenho das marcas no mercado.

Também lembramos o processo que conduz à lealdade do consumidor à marca e como os profissionais de marketing, em uma época com tanta oferta de produtos, precisam esclarecer em seus programas que as marcas não são iguais, que os consumidores precisam compreender como as marcas são diferentes e que a percepção de qualidade se manifesta também por causa dessas diferenças.

No capítulo 7, discutiremos as estratégias que envolvem o posicionamento de produtos dando continuidade a esse processo de construção de uma arquitetura de marcas.

7
Estratégias de posicionamento de marcas

Neste capítulo, analisaremos o processo que uma empresa adota para construir marcas fortes e, em especial, os meios para atingir um posicionamento eficaz no mercado. Também destacaremos a maneira como os profissionais de marketing identificam e analisam as práticas adotadas pela concorrência.

Posicionamento de marca e estrutura de referência competitiva

Kotler e Keller (2012:294) definem posicionamento como a "ação de projetar a oferta e a imagem da empresa para que ela ocupe um lugar diferenciado na mente do público-alvo". Por exemplo, quando o consumidor se vê diante da marca Omo, pelo histórico das campanhas e ações de comunicação integrada de marketing e também pela experiência de utilização do produto, ele associa essa marca como referência em eficiência em lavagens, ou seja, entre todas as marcas de sabão, Omo é a que tem melhor desempenho na lavagem de roupas e tecidos em geral.

Para que o posicionamento seja bem-sucedido, é preciso que a marca tenha condições para crescer e melhorar continuamente e não apenas no momento presente.

A maneira para conduzir a um posicionamento de marca pressupõe a comparação do produto da empresa com os similares ofertados pela concorrência. Para tanto, é necessário ter clareza sobre quem são os concorrentes diretos do produto e também como os consumidores reagem em relação aos produtos da concorrência. O quadro 6 apresenta a classificação dos concorrentes pelo consumidor com base nos fatores críticos de sucesso (FCS).

Quadro 6

Classificação de concorrentes pelos consumidores com base em FCS

Concorrente	Nível de conscientização do consumidor	Qualidade do produto	Disponibilidade do produto	Assistência técnica	Equipe de vendas
A	Excelente	Excelente	Deficiente	Deficiente	Bom
B	Bom	Bom	Excelente	Bom	Excelente
C	Razoável	Deficiente	Bom	Razoável	Razoável

Fonte: adaptado de Kotler e Keller (2012:296).

Conforme observamos no quadro 6, os resultados referem-se à percepção dos consumidores de três concorrentes, identificados pelas letras A, B e C. Foram indicados cinco atributos. O concorrente A apresentou resultado excelente no nível de conscientização do consumidor e na qualidade do produto, o que sugere que se trata de uma empresa bem conhecida por oferecer produtos de qualidade. Já o concorrente B teve o predomínio da avaliação "bom" em três atributos e teve destaque na disponibilidade e na equipe de vendas. Já o concorrente C obteve muitas pontuações razoável e deficiente.

Após identificar os concorrentes e as estratégias adotadas, o profissional de marketing deve definir uma estrutura de referência competitiva, isto é, uma estrutura criada para o produto se destacar em relação à concorrência, a fim de orientar melhor o posicionamento do produto no mercado.

Pontos de paridade e pontos de diferença

A partir do momento em que se consegue estabelecer uma estrutura de referência competitiva para o posicionamento, por meio de uma clara definição do consumidor que se pretende conquistar, e identificar as práticas adotadas pelas empresas concorrentes, é preciso ajustar os chamados pontos de paridade e os pontos de diferença.

Pontos de paridade, segundo Kotler e Keller (2012:298) "são associações de atributo ou benefício que não são necessariamente exclusivas à marca, mas podem, na verdade, ser compartilhadas com outras marcas". Quando ocorrem, por exemplo, pontos de paridade na categoria, isso se refere a um conjunto de atributos compreendidos pelo consumidor como essenciais para que o produto seja considerado confiável.

Já os pontos de diferença destacam os pontos entendidos como benefícios muito fortes relacionados a determinada marca quando comparada com a concorrência. Por exemplo, o iPhone, marca de *smartphone* da Apple, tem como um dos pontos de diferença o fato de possibilitar a sincronização de equipamentos. Do momento em que se adiciona um contato, se este utiliza o WhatsApp, automaticamente o nome deste novo contato já aparece nos contatos do WhatsApp, assim como na atualização dos contatos do Icloud, quando acessado em um computador. De uma maneira geral, é importante que os pontos de diferença levem em consideração os três critérios seguintes:

- *desejável para o consumidor* – os consumidores devem fazer a associação da marca como relevante para seus próprios critérios pessoais. Por exemplo, um consumidor que aprecia o uso de canetas-tinteiro em ocasiões especiais e espera que elas tragam a ideia não de um objeto "antiquado" e sim de algo tradicional, elegante, característico de pessoas com elevado nível de instrução e cultura, pode estabelecer todas essas associações em relação à marca Mont Blanc;

- *entregável pela empresa* – a partir do momento em que a empresa opta por estabelecer determinado ponto de diferença em relação ao produto concorrente, ela deve ter ciência de que deverá assumir esse compromisso. Portanto, é imprescindível avaliar a capacidade da organização em alocar recursos para esse tipo de iniciativa;
- *diferenciável da concorrência* – espera-se que os consumidores não compreendam o produto de uma certa marca como diferente do produto concorrente, mas o considerem muito melhor por apresentar um atributo que os demais produtos concorrentes não conseguem oferecer.

Mantras da marca

Conforme definição de Kotler e Keller (2012:302),

> mantras para a marca são frases curtas, compostas de três a cinco palavras, que capturam de modo irrefutável a essência ou o espírito do seu posicionamento. Sua finalidade é garantir que todos os funcionários da organização e todos os seus parceiros externos de marketing entendam o que ela deve representar fundamentalmente para os consumidores de maneira que estes possam ajustar suas ações como for mais apropriado.

Como exemplo, pode-se mencionar o caso da Nike que busca estabelecer um vasto conjunto de associações com consumidores a partir do *design* de seus produtos, nos patrocínios de atletas de diferentes modalidades do esporte e também da atitude irreverente associada à marca. Designou como um dos mantras da marca a expressão composta por estas três palavras: "autêntico desempenho atlético". Outro famoso mantra da Nike foi despertado pelo *slogan* de uma de suas campanhas, o famoso *Just do it!* (Apenas faça!, em uma tradução literal para o português).

Em linhas gerais, os mantras da marca precisam *comunicar*, *simplificar* e *inspirar*. A comunicação deve esclarecer o que é exclusivo da marca. Além disso, um mantra da marca deve ser simples para que seja memorizado facilmente e, por fim, um mantra deve ser inspirador, ou seja, significativo no âmbito pessoal.

Resumo do capítulo

A partir do que discutimos sobre posicionamento, observamos que para uma empresa ter sucesso em relação aos concorrentes, é preciso, primeiramente, ter ciência das características de seus produtos.

Além disso, é essencial, no processo de desenvolvimento do posicionamento, criar uma estrutura de referência competitiva, determinando-se os pontos de paridade e os pontos de diferença do produto.

Paralelamente a isso, o importante é a empresa conseguir estabelecer diferenciais no produto que não possam ser facilmente copiados pela concorrência, o que auxilia no processo de se obter vantagem competitiva.

No capítulo 8, discutiremos aspectos referentes a assuntos complementares ao gerenciamento de produtos, como a estratégia de embalagem e rotulagem de produtos, a perspectiva socioambiental e as atribuições do dia a dia de um gerente de produto, assuntos esses que complementam o processo de determinação de associações positivas em relação à marca do produto.

8
Tópicos avançados em gerenciamento de produto

Neste capítulo, encerramos o livro abordando três aspectos adjacentes ao gerenciamento de produtos, mas impactantes para os *stakeholders* envolvidos com a função.

Estratégias de embalagem e rotulagem

Produto e as estratégias de embalagem e rotulagem

Como vimos, a grande maioria dos produtos, tanto os destinados às empresas quanto os destinados aos indivíduos, utiliza-se de marcas para se destacar no mercado.

Uma forma de uma marca ser trabalhada é por meio de sua estratégia de embalagem e rotulagem.

Neste capítulo, estudaremos os aspectos mercadológicos, logísticos e jurídicos que têm impacto sobre a escolha da embalagem e do rótulo de um produto.

Embalagem

Atualmente, o maior desafio dos profissionais de marketing é o paradoxo marcas fortes *versus* consumidores migratórios. O mercado exige que as empresas entreguem mais por menos, e a sensação que se tem é que, por mais que se faça, os produtos tendem a virar *commodities*.

A sobrevivência das empresas reside na sua capacidade de inovação e diferenciação, por meio de novas marcas, conceitos e embalagens. Por exemplo, num supermercado que comercialize 15 mil produtos, o comprador comum passa por cerca de 300 itens por minuto. Dado que 53% das compras são feitas por impulso, a embalagem eficaz tem um papel crucial: o de comercial instantâneo.

A embalagem deve desempenhar muitas tarefas de vendas: atrair a atenção, descrever os aspectos do produto, criar confiança no consumidor e transmitir uma imagem favorável.

Recentemente, a Antarctica alavancou suas vendas comercializando o guaraná Pokémon. Apostando na atual tendência nostálgica, a Coca-Cola está reeditando a velha garrafinha em vidro e a Parmalat volta a oferecer leite em garrafa (na versão longa vida).

De fato, a embalagem é um elemento tão importante na elaboração de um produto campeão, que alguns teóricos a apontam como o quinto P de marketing: *packing*. A embalagem é a tangibilidade do conceito do produto. A embalagem dos perfumes do Jean Paul Gaultier é a visão concreta do poder de sedução de um homem e de uma mulher; a nova garrafa da Skol é a própria modernidade; a tradicional garrafa do champanhe francês Veuve Clicquot é a personificação da elegância.

Obviamente, ocorrem erros: ao lançar cerveja em garrafa de champanhe para a comemoração do Réveillon, a Brahma só arrecadou prejuízos. O mesmo ocorreu no Rio Grande do Sul, com a comercialização de vinhos em embalagens Tetra Pak. Foi uma tentativa de baratear o custo final, mas, para o brasileiro, o consumo de vinho está associado ao romantismo e à elegância.

Na confecção da embalagem, não se pode negligenciar sua função primordial, que é a de proteger o produto durante seu transporte e estocagem, nem negligenciar os custos de logística e transporte, cujo principal parâmetro é a eficiência cúbica (espaço que ocupa no depósito, no transporte e na exposição).

A embalagem deve diferenciar o produto quando ele é visto isoladamente, em grupo e, principalmente, entre seus concorrentes. Portanto, saber escolher a forma e as cores é essencial. As cores vivas do Omo não só destacam o produto na prateleira, como comunicam ao consumidor que suas roupas não ficarão desbotadas.

Uma empresa pode inovar e, portanto, melhorar sua imagem no mercado introduzindo um novo tipo de embalagem, como foi o caso da cerveja em lata Skol, das tampas que dispensam abridores da Cica e as novas embalagens de plástico do Ketchup Hellman's substituindo a tradicional, que era de vidro.

A Treta Pak, multinacional sueca, é um bom exemplo do poder da embalagem inovadora e do respeito ao cliente. Ela inventou a embalagem asséptica, que permite que leite, suco de frutas e outros líquidos perecíveis sejam distribuídos sem refrigeração. Isso permite distribuir leite numa maior área sem investir em caminhões refrigerados.

O perfil dos consumidores brasileiros mudou drasticamente nos últimos anos em função da abertura de mercado, da regulamentação de leis que os protegem e da sensação de que, finalmente, a impunidade de inescrupulosos no Brasil está sendo combatida. Assim, é fundamental que a embalagem seja um instrumento de transparência para a empresa, ou seja, que ela forneça todas as informações sobre o produto, seus componentes e desempenho, pois a verdade é um meio de fidelização.

Recentemente, no Brasil, testemunhamos o fenômeno da "maquiagem" de embalagens de barras de chocolate, papel higiênico, achocolatados e até mesmo leite em pó. Um tradicional fabricante reduziu o conteúdo da lata de 454g para 400g sem a devida comunicação ao consumidor, nem redução do preço, nem redução do tamanho da lata, diminuindo, portanto, a probabilidade de que o consumidor percebesse que estava sendo lesado. As empresas, que assim procedem estão vulneráveis a ações na Justiça.

Como profissionais de marketing, não podemos perder o foco de economizar, mantendo a ética, por meio de novas embalagens, como foi o caso da Cremet, fabricante de fraldas, toalhas e produtos hospitalares, que reduziu seus gastos anuais com embalagens em US$ 1 milhão, com um investimento de US$ 60 mil. Isso foi possível com a redução do número de tipos de caixas de papelão empregadas, substituição de esparadrapos por um tipo de filme termoencolhível e até o "encolhimento" das abas de fechamento de alguns pacotes.

Uma das mais famosas lendas do marketing é sobre o desafio que um fabricante de dentifrício enfrentava para alcançar suas vendas, pois já havia tentado reduzir preços, realizar diversas promoções e até campanha publicitária. Foi quando uma secretária sugeriu então que aumentasse o buraco do tubo de pasta de dente.

Na realidade, o que se discutia era a capacidade de a embalagem ser usada para intensificar a utilização do produto. Um pacotinho de Clube Social é fácil de transportar, podendo ser consumido em diversos lugares (praia, cinema, trânsito), o mesmo valendo para o Toddinho e embalagens unitárias de preservativos masculinos.

Outro fator a ser considerado é a responsabilidade ecológica das empresas ao escolherem os invólucros para seus produtos. Como a sociedade tem se tornado mais consciente nesse sentido, e os governos vêm adotando leis mais severas, o produto pode ter seu valor percebido acrescido se sua embalagem for biodegradável ou feita de materiais recicláveis.

Rotulagem

Se na elaboração da embalagem as empresas têm uma grande liberdade criativa, o mesmo já não se pode dizer dos rótulos, pois na sua confecção muitos aspectos legais (tamanho, fonte, dados e informação) devem ser observados.

Ao passearmos por um supermercado, veremos rótulos que não passam de uma mera etiqueta colada no produto, mesmo sendo projetos gráficos muito sofisticados.

Por outro lado, há informações imprescindíveis, tais como: nome do fabricante, data de fabricação, prazo de validade, lote, ingredientes ou materiais que compõem o produto, país de origem, classificação do produto segundo as leis vigentes do país onde ele está sendo comercializado, fácil explicação sobre o uso do produto, seus eventuais perigos e usos errados em potencial.

O rótulo tem também um papel proativo de marketing: ser canal de comunicação entre o público e a empresa. De fato, o Código de Defesa do Consumidor obriga a inclusão do número de telefone do SAC, ou a *home page* e o *e-mail* da gerência de relações com clientes do fabricante nos rótulos de seus produtos.

É importante que o profissional de marketing leve em consideração que, assim como a embalagem, o rótulo também deve refletir o poder aquisitivo do seu segmento de mercado, seja por classe social (mais sofisticados), por estágio do ciclo de vida (letras maiores para idosos) ou por estilo de vida (mais arrojado).

Produtos, sustentabilidade e responsabilidade social corporativa

O que é responsabilidade social corporativa (RSC)? Qual é sua importância para o profissional de marketing?

Apesar de remontar ao início do século XX quando, geralmente, estava associado a ações filantrópicas, o conceito de RSC bifurca-se em duas vertentes opostas: a primeira sugere que a única responsabilidade da empresa é garantir o lucro para seus acionistas; a segunda, de uma forma mais ampla, argumenta que, além do retorno financeiro, a empresa deve ser responsável por todas as partes interessadas (também chamadas de *stakeholders*), isto é, a comunidade, empregados, governo, sindicatos, fornecedores, consumidores, entre outras.

A melhor definição da primeira vertente é a proposta pelo professor Milton Friedman, que assevera que RSC significa:

> usar seus recursos e dedicar-se a atividades destinadas a aumentar seus lucros até onde permaneça dentro das regras do jogo, o que significa participar de uma competição livre e aberta, sem enganos ou fraude [Friedman, 1962:120].

Já, na visão do Instituto Ethos, RSC é

> A forma de gestão que se define pela relação ética e transparente da empresa com todos os públicos com os quais ela se relaciona e pelo estabelecimento de metas empresariais que impulsionem o desenvolvimento sustentável da sociedade, preservando recursos ambientais e culturais para as gerações futuras, respeitando a diversidade e promovendo a redução das desigualdades sociais [Instituto Ethos, 2012:v].

Com qual opinião você mais se identifica? Será que teria uma definição que resumisse essas duas visões antagônicas? Poderíamos definir responsabilidade social corporativa como um conjunto diversificado de iniciativas sociais e ambientais discricionárias, uma vez que essas podem incluir a assistência (por meio de recursos humanos ou financeiros) aos fornecedores que adotam práticas de sustentabilidade ecológica e social, ou, ainda, atividades focadas no impacto da empresa sobre as comunidades locais; como também se manifestar em iniciativas destinadas a melhorar o bem-estar do empregado.

Funções dos gerentes de produto

Papel do gerente de produto

Provavelmente não existe nas estruturas organizacionais um papel mais multidisciplinar que o de gerente de produto (GP). Esse profissional se relaciona praticamente com todas as áreas da empresa, conforme podemos visualizar na figura 20.

No limite, cabe-lhe entender o cliente: suas necessidades, desejos e demandas; e, ao mesmo tempo, a capacidade da empresa de produzir, entregar e comercializar o produto a um preço competitivo.

Figura 20
Interações do gerente de produto na empresa

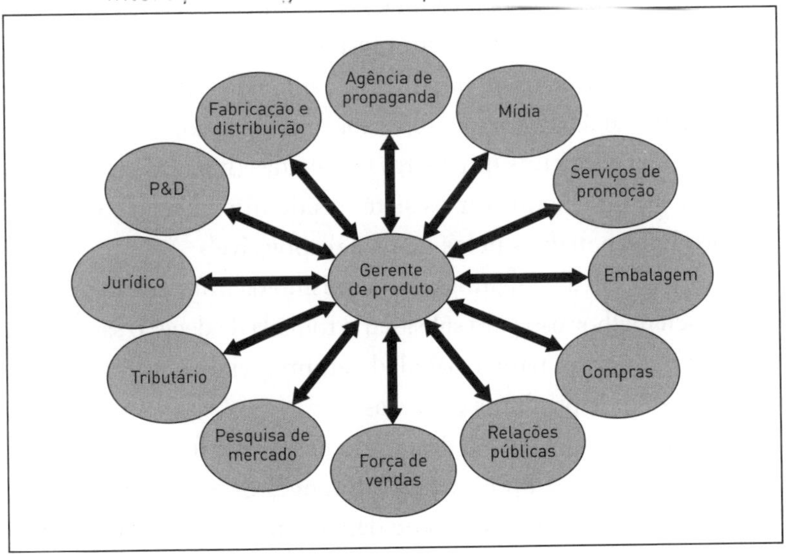

Fonte: Kotler e Armstrong (2014).

No seu dia a dia, o GP trabalha em conjunto com os departamentos: de *pesquisa de mercado*, que é responsável pela avaliação do consumidor e do mercado; de *P&D* (pesquisa e desenvolvimento), no sentido de se certificar de que o produto que está sendo fabricado atende à expectativa do consumidor; o *jurídico*, a quem cabe garantir que todos os processos, a embalagem e o rótulo atendam às exigências legais; o de *compras*, que assegura o acesso às matérias-primas necessárias para a fabricação do produto; assim como o de *vendas*, responsável pelo sucesso da comercialização do mesmo e, obviamente, com os profissionais responsáveis pela comunicação e promoção do produto.

O perfil profissional do GP é muito complexo, pois, em última instância, cabe a ele balizar os interesses, muitas vezes conflitantes, de imagem, volume e resultados da empresa e os de seus acionistas.

O GP deve ter as competências técnicas esperadas de um administrador: conhecer o mercado, os fatores externos que podem afetar – positiva ou negativamente – a demanda do produto; ter profundo conhecimento de matemática financeira, para que seja capaz de justificar a viabilidade (ou não) dos mesmos. Ademais, é fundamental que também tenha os chamados *soft skills*, isto é as competências sociais e gerenciais para que seja capaz me lidar com conflitos e as diferentes expectativas das partes envolvidas (*stakeholders*).

Cabe ao GP monitorar os sistemas de informação e controle dos produtos e marcas pelos quais é responsável.

A rapidez em acompanhar o dinamismo da informação de mercado e seu melhor uso para subsidiar a tomada de decisão são fatores críticos de sucesso para a atividade empresarial e, em particular, para a gestão de produtos e marcas.

As empresas que se têm destacado nessa área fizeram razoáveis investimentos de tempo, recursos financeiros e, principalmente, *know-how* para a estruturação de departamentos e inteligência de mercado.

As fontes de informação desses sistemas são pesquisas de mercado, institutos, revistas especializadas, sistemas de atendimento, vendas, distribuição, assistência técnica ou informações financeiras. Por exemplo, o GP de uma empresa fabricante de iogurte foi capaz de "antever" a entrada de um novo concorrente no mercado por meio de informação prestada pelo fabricante de embalagem (que não seria capaz de honrar o tradicional prazo de entrega, pois havia recebido uma grande encomenda no mesmo prazo).

O avanço da tecnologia tem facilitado que os administradores tenham visão integrada do negócio por meio de soluções como o CRM (*customer relationship management*); ERP (*entreprise resource planning*); e SCM (*supply chain management*).

Resumo do capítulo

Vimos, neste capítulo, que o profissional de marketing deve ter uma visão crítica sobre três aspectos importantes da gerência de produtos, sendo eles: (i) embalagens e rótulos, (ii) responsabilidade socioambiental e (iii) o papel de um gerente de produto. O desenvolvimento de embalagens e rótulos de produtos deve ser incorporado como atividade-meio para atingir os objetivos estratégicos do gerenciamento de produtos. Responsabilidade socioambiental e sustentabilidade representam preocupação crescente de um vasto número de *stakeholders* e devem ser analisadas pelo gerente de produto. Finalmente, o papel multidisciplinar deve ficar claro para o gerente de produto exercer seu papel alinhado com os demais departamentos da organização.

Conclusão

Neste livro, abordamos os principais desafios de um profissional de marketing que atue na área de desenvolvimento e gerenciamento de produtos, sinalizando sua importância estratégica para as empresas.

Inicialmente, discutimos o conceito de produtos, seus múltiplos níveis e, também, como eles se diferenciam dos serviços. Logo a seguir, inserimos esses conceitos na discussão sobre inovação e criação de novos produtos.

No terceiro capítulo, apresentamos a estrutura de um plano de lançamento de novos produtos: suas oito etapas e o papel do gerente de produto em cada uma delas.

Todavia, o trabalho desse profissional não termina com o lançamento do produto no mercado, pois este tem um tempo de vida determinado. Assim, no capítulo 4, apresentamos as quatro etapas do ciclo de vida dos produtos e quais são as possíveis estratégias a serem adotadas em cada uma delas.

Vimos ainda que as organizações produzem e comercializam uma multiplicidade de diferentes produtos. Por isso, no capítulo 5, discutimos as possíveis ferramentas para se gerenciar a carteira (portfólio) de produtos de uma empresa.

Já o capítulo 6 tratou das possíveis estratégias de marcas que podem ser adotadas e como estas refletem as opções de posicionamento de uma empresa, o que foi o objeto do capítulo 7.

Por último, tratamos de tópicos mais avançados da gestão de produtos, como as estratégias de rotulagem, embalagem, bem como assuntos relacionados à responsabilidade social corporativa e os papéis dos gerentes de produtos.

Sabemos que nossos leitores atuam em empresas de diversos tamanhos, indústrias e mercados (consumidor, organizacional e governamental). Esperamos, sinceramente, que nosso trabalho tenha servido para que reflitam sobre suas realidades, problemas, oportunidades e desafios e que, de alguma forma, possamos ter contribuído para que sejam muito bem-sucedidos.

Referências

AAKER, David A. *Marcas*: brand equity gerenciando o valor da marca. 7. ed., 7 reimp. São Paulo: Elsevier, 1998.

______. *On branding*. São Paulo: Artmed, 2011.

ALMEIDA, Ana Luisa. *A construção de sentido sobre "quem somos" e "como somos vistos"*: faces da cultura e da comunicação organizacional. São Caetano do Sul: Difusão, 2006.

______ et al. Reputação, estratégia e competitividade: os desafios da reputation economy. *Revista DOM*, Belo Horizonte, ed. 23, p. 87-94, 2014.

AMERICAN MARKETING ASSOCIATION. *Portal institucional.* Disponível em: <www.ama.org/>. Acesso em: 16 jul. 2017.

ATKIN, Douglas. *O culto às marcas*: quando clientes se tornam verdadeiros adeptos. São Paulo: Cultrix, 2007.

BARREIRA JUNIOR, Eliseu. Como definir um influenciador nas mídias sociais. *Webinsider*, jan. 2012. Disponível em: <https://webinsider.com.br/2012/01/18/como-definir-um-influenciador-nas-midias-sociais/>. Acesso em: 1 ago. 2017.

BEDENDO, Marcos. *Branding para empreendedores*. São Paulo: MBooks, 2015.

CHURCHILL JR., Gilbert; PETER, J. Paul. *Marketing*: criando valor para os clientes. 3. ed. São Paulo: Saraiva, 2013.

COHEN, Heidi. *30 branding definitions*. Disponível em <https://heidicohen.com/30-branding-definitions/>. Acesso em: 8 ago. 2011.

CONEJO, F.; WOOLISCROFT, B. Brands defined as semiotic marketing systems. *Journal of Macromarketing*, v. 35, n. 3, p. 287-301, 2015.

COOPER, Robert G. *Product leadership*: crating and lauching superior new products. Reading: Perseus Brooks, 1998. p. 105.

______; KLEINSCHMIDT, E. J. The impact of product innovativeness on performance. *Journal of Product Innovation Management*, v. 8, n. 4, p. 244, 1991.

FRIEDMAN, Milton. *Capitalism and freedom*. Chicago: University of Chicago Press, 1962.

GRACIOSO, Francisco. *Marketing estratégico*: planejamento estratégico orientado para o mercado. 6. ed. São Paulo: Atlas, 2007.

HOOLEY, Graham J.; SAUNDERS, John A.; PIERCY, Nigel F. *Estratégia de marketing e posicionamento competitivo*. São Paulo: Pearson Brasil, 2010.

INSTITUTO ETHOS. *Indicadores Ethos de responsabilidade social empresarial*. São Paulo: Instituto Ethos, 2012.

KOTLER, Philip. *Marketing 3.0*: as forças que estão definindo o novo marketing centrado no ser humano. São Paulo: Elsevier Brasil, 2010.

______; ARMSTRONG, Gary. *Princípios de marketing*. 15. ed. São Paulo: Pearson Brasil, 2014.

______; KELLER, Kevin L. *Administração de marketing*. 14. ed. São Paulo: Pearson Brasil, 2012.

______; ______. *Marketing essencial*: conceitos, estratégias e casos. São Paulo: Pearson Brasil, 2013.

LEVITT, Theodore M. *Marketing imagination*: new, expended edigtion. Nova York: Simon and Schuster, 1986.

O'GUINN, T. et al. *Advertising and integrated brand promotion*. Nova York: Nelson Education, 2014.

PARNES, Sidney. *Source book for creative problem solving*: a fifty year digest of proven innovation processes. Nova York: Creative Education Foundation Press, 1992.

PRAHALAD, C. K.; RAMASWAMY, V. *The future of competition*: co-creating unique value with customers. Boston, MA: Harvard Business School Press, 2004.

SANDHUSEN, R. L. *Marketing básico*. São Paulo: Saraiva. 1998.

SEMENIK, Richard J.; BAMOSSY, Gary J. *Princípios de marketing uma perspectiva global*. Porto Alegre: Makron Books, 1997.

SPILLER, Eduardo Santiago et al. *Gestão de serviços e marketing interno*. 4. ed. Rio de Janeiro: FGV Ed., 2011.

VOGEL, Carl. 30 products that changed our lives. *R&D Magazine*, v. 34, n. 11, p. 42-46, set. 2012.

Os autores

Hélio Arthur Reis Irigaray
Doutor em administração de empresas pela Escola de Administração de Empresas de São Paulo (Eaesp) da Fundação Getulio Vargas (FGV), mestre em administração de empresas pela Pontifícia Universidade Católica do Rio de Janeiro (PUC-Rio) e bacharel em economia pela University of Northern Iowa. Atualmente é professor adjunto da Escola Brasileira de Administração Pública e de Empresas (Ebape) da FGV, onde também exerce a função de coordenador do Global MBA (parceria com a Alliance-Manchester Business School). É editor da Cadernos EBAPE.BR. Professor adjunto da Georgetown University (Washington, DC – EUA) e ESADE (Madri e Barcelona), no Programa de Mestrado Internacional Corporate International Master's (CIM). É professor no Programa International Masters Program in Practicing Management (IMPM), oferecido pela FGV Ebape em parceria com a Lancaster University (Reino Unido), McGill University (Canadá), IIMB (Índia) e Yokohama University (Japão).

Carlos Eduardo Lourenço
Doutor em administração de empresas pela Escola de Administração de Empresas de São Paulo (Eaesp) da Fundação Getulio Vargas (FGV). Possui graduação em engenharia de materiais pela

Universidade Federal de São Carlos e mestrado em administração de empresas pela Universidade Presbiteriana Mackenzie. Atualmente é professor da Graduação e do Mestrado Profissional em Administração de Empresas da FGV Eaesp, e do Global MBA (part-time MBA da Manchester Business School em parceria com a FGV), além de diversos cursos de pós-graduação (FGV, ESPM, Fipecafi-USP, Pecege-USP, Fecap). Foi professor visitante na Kennesaw State University durante a fase sanduíche do doutorado. Tem experiência executiva na área de marketing e marcas, gestão de negócios, planejamento estratégico e relações públicas em empresas como 3M, Avery Dennison e Chery Motors do Brasil.